★ 읽다 보면 사회 상식이 저절로 ★

그래서 이런 지명이 생겼대요

우리누리 글
이경석 그림

길벗스쿨

> 들어가며

여러분은 지금 사는 지역 이름의 유래를 혹시 알고 있나요?
서울 '장승배기'는 정조 임금이 아버지 사도 세자의 무덤을 보러 가는 길에 그 주변이 오싹하고 한적하여 장승을 세웠다는 데서 유래했어요. 부산 '해운대'는 통일 신라의 뛰어난 학자 최치원이 바닷가 바위에 자신의 어릴 적 이름인 '해운'을 새긴 뒤로 붙은 이름이고요.

이처럼 우리에게 이름이 있듯이 우리가 사는 곳에도 이름이 있답니다. 땅, 바다, 산, 강 등 우리가 사는 곳에 붙은 이름을 '지명'이라고 해요. 지명은 땅의 모양이나 쓰임에 따라 지어지기도 하고, 그 지역에서 일어난 역사적 사건이나 설화에서 비롯되기도 하지요.

긴긴 세월이 흘러 그곳에 사는 사람들이 바뀌어도, 지명은 그곳에서 살아온 사람들의 역사를 고스란히 간직한답니다. 옛 이름이 그대로 남아 있기도 하고 시간이 흐름에 따라 조금씩 변하기도 하면서 역사의 산증인처럼 자연과 마을 곳곳에 새겨져 있어요.

우리나라뿐만 아니라 세계의 많은 나라들 지명에도 모두 그 나라의 문화와 역사가 오롯이 담겨 있답니다.
미국의 수도 '워싱턴 D.C.'는 미국의 초대 대통령인 조지 워싱턴의 이름에서 따왔어요. 세계에서 가장 긴 강인 '아마존강'은 신화에 나오는 여전사 아마조네스를 직접 봤다는 기록에서 비롯했지요.

　이처럼 지명이 어떻게 유래했는지 조금만 관심을 기울이면 다양하고 흥미진진한 이야기와 만날 수 있어요. 더불어 조상들의 지혜, 자연과 더불어 살아온 인간의 생활 모습 그리고 그에 얽힌 역사까지 자연스레 알게 되지요.

　이 책에 나온 지명에 얽힌 유래 이야기를 읽으면서 재미난 지식도 익히고, 내가 살고 있는 곳에 좀 더 많은 관심과 애정을 품게 되길 바랍니다.

-우리누리

들어가며 2

1장 서울의 지명

- **서울** '새로운 땅'이라는 뜻 10
- **왕십리** 무학 대사가 십 리를 더 가서 궁궐 터를 정한 곳 12
- **종로** 야간 통행금지를 알리는 종을 치던 곳 14
- **잠실** 조선 시대에 누에를 키우던 동네 16
- **서빙고동** 조선의 얼음 창고 18
- **압구정** 한명회의 정자가 있던 곳 20
- **낙성대** 강감찬 장군이 태어날 때 별이 떨어진 곳 22
- **이태원** 조선 시대에 외국인들이 모여 살았던 동네 24
- **회기** 연산군의 어머니 폐비 윤씨의 묘가 있던 곳 26
- **방배동** 세종에게 왕위를 양보한 양녕 대군이 등을 돌려 떠난 곳 28
- **장승배기** 사도 세자의 묘를 참배하러 가던 길에 장승을 세운 곳 30
- **말죽거리** 피란길에 오른 인조가 죽을 얻어먹은 곳 32
- **피맛골** 백성들이 벼슬아치의 마차를 피해 다닌 골목 34
- **절두산** 흥선 대원군이 천주교 신자의 머리를 자른 산 36
- **제기동** 임금이 친히 제사를 지내던 곳 38
- **홍제동** 국립 여관 홍제원이 있던 곳 40
- **계동** 조선 시대의 병원 제생원이 있던 곳 42
- **재동** 계유정난의 피비린내를 재로 덮었던 곳 44
- **진관동** 고려 현종의 목숨을 구한 진관 대사에게서 비롯된 동네 46
- **돈암동** 병자호란 때 오랑캐가 넘어간 되너미 고개 48

아차산 명종이 점쟁이 홍계관을 죽이고 아차! 했던 곳 50
해방촌 해방 직후 실향민들이 정착한 동네 52
뚝섬 깃발 중에서도 으뜸인 둑을 세우던 곳 54
당인동 조선 여인을 사랑한 명나라 병사가 살았던 동네 56
곰달래길 밝고 고운 달빛에 얽힌 슬픈 사랑 이야기 58

인천·경기도·강원도· 충청도의 지명

제물포 조선의 문호 개방을 재촉한 항구 62
백령도 학이 맺어 준 사랑 64
의정부 태종을 미워한 태조가 머무르던 곳 66
탄천 삼천갑자 동방삭이 속아 넘어간 곳 68
임진강 삼국의 전투가 치열했던 곳 70
덕릉 고개 선조의 아버지 덕흥 대원군의 묘가 있던 곳 72
재인 폭포 광대 재인이 떨어져 죽은 곳 74
살해재 공양왕이 머물다 죽임을 당한 언덕 76
한탄강 궁예의 탄식이 어린 강 78
백마고지 국군 제9사단이여, 마지막까지 지켜 내라! 80
서산 상서로운 분이 살았던 곳 82
박달재 박달 도령의 이루지 못한 사랑 84
위례산 백제가 고구려에 패하고 눈물 흘린 산 86

부산·대구·경상도·전라도·제주도의 지명

해운대 통일 신라의 뛰어난 학자 최치원의 어릴 적 이름 90
이기대 왜장을 끌어안고 몸을 던진 두 기생의 혼이 서린 곳 92
광복동 대한 독립 만세를 외친 곳 94
팔공산 왕건을 지키려는 부하 여덟 명이 순절한 곳 96
안심동 왕건이 겨우 마음을 놓은 곳 98
통영 이순신이 지휘한 삼도 수군 통제영이 있던 곳 100
피끝 마을 단종 복위를 꾀한 금성 대군의 피가 흐르던 마을 102
섬진강 왜적을 물리친 금두꺼비가 나타난 강 104
차귀도 송나라 풍수지리사 호종단이 돌아가지 못한 곳 106
제주 설문대 할망이 만든 섬 108
백록담 선녀에게 마음을 빼앗긴 흰 사슴이 슬피 울던 호수 110

외국의 지명

유럽 제우스가 사랑한 에우로페에서 유래한 이름 114
아메리카 신대륙 탐험가의 이름을 딴 곳 116
대서양 돌이 된 아틀라스에게서 유래한 바다 118
태평양 고요하고 태평스러운 바다 120

런던 로마 제국의 요새였던 곳 122

로마 늑대 젖을 먹고 자란 로물루스의 이름을 딴 도시 124

마드리드 곰이 아주 많은 도시 126

아테네 지혜의 여신 아테나의 이름을 딴 도시 128

뉴욕 빼앗고 빼앗기던 역사를 지닌 땅 130

로스앤젤레스 천사들의 도시 132

워싱턴 D.C. 미국의 초대 대통령 조지 워싱턴을 기념한 수도 134

그린란드 초록의 땅이 되길 바라는 소망이 깃든 곳 136

아마존강 여전사족 아마조네스에서 유래한 강 138

에베레스트 가장 높은 산의 대명사 140

하롱베이 하늘에서 내려온 용이 지킨 도시 142

필리핀 스페인 황태자의 이름을 따온 곳 144

싱가포르 호랑이를 사자로 착각해 만든 이름 146

마카오 아마 여신의 사원 148

실크로드 중국의 비단을 서역에 팔러 가던 길 150

부록
지명에 담긴 땅의 모습 152
지도로 보는 우리나라 155

> **일러두기**
> • 이 책에는 지금까지 전해 오는 지명의 유래 중에서 가장 대표적인 내용을 주로 수록했어요.
> • 지명의 유래는 오래전부터 전해 내려오는 이야기이기 때문에 자료마다 전해지는 내용이 조금씩 다르거나 학자마다 주장하는 내용이 다르기도 해요. 더 궁금한 점은 맨 마지막 페이지의 참고 자료를 살펴보거나 직접 조사해 보세요.
> • 최근 명칭이 바뀐 강원특별자치도는 강원도로, 제주특별자치도는 제주도로 표기했어요. 다만, 부록의 지도에서는 정확한 행정 명칭을 사용했으니 참고해 주세요.

1장
서울의 지명

서울
왕십리
종로
잠실
서빙고동
압구정
낙성대
이태원　계동
회기　　재동
방배동　진관동
장승배기　돈암동
말죽거리　아차산
피맛골　해방촌
절두산　뚝섬
제기동　당인동
홍제동　곰달래길

대한민국 서울특별시

서울

'새로운 땅'이라는 뜻

서울의 여러 이름

지금의 서울은 고려 시대에는 '남경', 조선 시대에는 '한양' 또는 '한성', 일제 강점기에는 '경성'이라고 불렀어요. 그러다 1946년부터 우리나라 수도의 이름을 서울로 정해 오늘에 이르고 있답니다.

먼 옛날 경상북도 경주 근처에 여섯 마을이 있었어요. 각각 나뉘어 살던 사람들은 여섯 마을을 합쳐 나라를 세우기로 했어요. 마을 촌장들은 박혁거세를 찾아가 왕이 되어 달라고 부탁했지요.

혁거세는 이 부탁을 받아들여 나라를 세우면서 새로운 나라 이름이 필요하겠다고 생각했어요. 그래서 나라 이름을 놓고 여섯 촌장들과 의견을 나누었어요.

"새로운 나라를 세우기로 했으니 나라 이름과 도읍 이름도 새로 지어야겠는데, 어떤 이름이 좋을까요?"

촌장들은 저마다 의견을 내놓았지만 마땅한 이름을 찾기가 쉽지 않았어요. 고민에 빠진 혁거세에게 문득 좋은 생각이 떠올랐어요.

"새로운 땅에 모여 새 나라를 만들었으니, 서라벌이 어떨까요?"

서라벌은 '새로운 땅'이라는 의미예요. '서라'는 새롭다는 뜻이고, '벌'은 땅이라는 뜻이지요.

"그것참 좋은 이름입니다!"

역사책 『삼국유사』와 『삼국사기』에는 박혁거세가 나라 이름과 도읍 이름을 서라벌이라고 했다는 기록이 있어요. 서야벌·서벌이라고도 했는데, 신라의 옛 이름이자 수도였던 서라벌은 세월이 흐르면서 발음이 변해 '서울'이 되었어요.

그 후 오랫동안 우리나라에서 '서울'은 한 나라의 중앙 정부가 있는 수도를 뜻하는 말로 쓰였어요. 그러다가 1946년에 서울이 우리나라 수도의 이름으로 정해지면서 오늘날의 시울 지역을 나타내는 지명이 되었어요.

서울특별시 성동구 왕십리도선동

왕십리

무학 대사가 십 리를 더 가서 궁궐 터를 정한 곳

○ 서울에는 궁궐이 몇 개 있을까?

현재 서울에는 조선 왕조의 가장 큰 궁궐인 '경복궁', 별궁인 '창덕궁'과 '창경궁', 광해군 때 세운 '경희궁', 대한 제국의 황제 고종이 주로 사용한 '덕수궁', 이렇게 모두 다섯 개의 궁궐이 있어요.

무학 대사는 조선 태조 이성계의 명으로 궁궐을 어디에 지으면 좋을지 알아보고 있었어요. 여러 곳을 두루 돌아다니며 살피던 어느 날, 소를 타고 지나가던 백발노인이 중얼대는 소리를 들었어요.

"에잇, 이놈의 소는 엉뚱한 곳만 찾아다니는 미련한 무학을 닮았구나."

"소승이 바로 무학이온데, 혹시 저를 두고 하신 말씀인지요?"

무학 대사가 묻자 노인은 쌀쌀맞은 눈빛으로 바라보았어요. 노인에게서 신령한 기운을 느낀 무학 대사는 새 궁궐을 지을 만한 좋은 터가 있으면 가르쳐 달라고 부탁했어요.

"여기서 서북쪽으로 십 리(약 4킬로미터)를 더 가면 좋은 자리가 있을 것이오."

"정말 고맙습니다. 그나저나 어디에 사는 누구신지요?"

"무학봉에 사는 사람이오."

노인은 짧게 대답하고는 안개 속으로 사라졌어요.

사실 노인의 정체는 도선 대사였어요. 도선 대사는 통일 신라 말 풍수지리의 대가였는데, 도선 대사의 영혼이 백발노인의 모습으로 나타나 무학 대사에게 좋은 궁궐 터를 알려 준 거였죠.

무학 대사는 도선 대사가 말한 대로 십 리를 더 가서 궁궐을 세우고 경복궁이라 이름 지었어요. 그리고 도선 대사와 마주친 곳을 갈 왕(往), 열 십(十), 마을 리(里) 자를 써서 '왕십리'라고 불렀어요. 지금의 서울 왕십리는 무학 대사가 그곳에서 십 리를 더 가서 궁궐 터를 잡았다는 이야기에서 유래한 이름이에요.

서울특별시 종로구 종로1~4가동

종로

야간 통행금지를 알리는 종을 치던 곳

● **야간 통행금지는 언제 만들었고 언제 없어졌을까?**

조선 시대에는 태조 때 처음으로 야간 통행금지 제도가 실시되다가, 1894년 고종 때 폐지되었어요. 그 후 1945년에 미군정이 시작되면서 다시 도입된 야간 통행금지 제도는 1982년에 완전히 없어졌어요.

댕— 댕— 댕— 댕— 댕—.

"아이고, 벌써 인경이 울려? 통행금지에 걸리면 곤장 맞는데, 아무 데나 가까운 주막으로 들어가야겠군."

조선 시대에는 야간 통행금지가 있었어요. 밤 10시쯤 되면 사대문 안으로 통하는 문을 전부 닫는다는 신호로 종을 쳤는데, 이 종을 인경이라고 해요. 인경이 울리면 도성으로 드나드는 관문인 사대문을 모두 닫아 사람들이 다니지 못하게 막았어요. 궁궐에 사는 왕을 보호하기 위한 한 가지 방법이었지요.

이 시간 이후에는 오늘날 방범대원과 비슷한 순라군이 순찰을 했어요. 순라군은 밤거리를 돌아다니며 박달나무로 만든 딱따기를 울려 도둑을 쫓고 통행금지를 어긴 사람들을 잡아들였어요. 순라군이 도둑이나 통행금지를 어긴 사람을 잡는 것에서 술래잡기(순라잡기)라는 놀이가 생겨났다고 해요.

새벽 4시가 되면 사대문을 한꺼번에 열고 통행금지가 끝났음을 알리는 종 소리인 파루를 쳤어요. 파루가 울리면 백성들은 사대문 안으로 들어와 다닐 수 있었어요. 오늘날 12월 31일 자정이 되면 서울 종로에 있는 보신각에서 한 해를 마무리하며 제야의 종을 치는데, 이것도 이 파루에서 유래했어요.

<u>조선 시대에 도읍을 한양으로 정하면서부터 지금의 종로1가에 야간 통행금지를 알리는 종의 누각을 세웠는데, 이것을 '종루'라고 해요. 종루가 있던 곳이라 해서 종 종(鐘)에 길 로(路) 자를 써서 '종로'라는 이름이 붙었어요.</u>

서울특별시 송파구 잠실동

잠실
조선 시대에 누에를 키우던 동네

● **잠실도회처**

잠실도회처는 임금이 양잠(누에치기)을 널리 알리기 위해 세운 기관이에요. 누에를 길러 백성들에게 나눠 주거나 양잠 기술을 연구해 알려 주고, 뽕잎을 먹고 자라는 누에를 기르게끔 뽕나무 종자를 나눠 주기도 했답니다.

"누에는 잘 자라고 있는가?"

조선의 제4대 임금 세종은 누에를 키우는 잠실도회처(양잠을 널리 알리기 위해 각 고을에 세운 기관)에 들러 누에와 뽕나무를 살펴보며 물었어요.

누에가 뽕잎을 먹고 잘 자라 고치를 만들면, 고치에서 실을 뽑아 비단을 짤 수 있어요. 이렇게 고치를 얻기 위해 누에를 기르는 일을 양잠이라고 해요.

조선 초기에 나라에서는 백성들에게 양잠을 장려했어요. 적당한 동네를 골라 뽕나무를 심고, 누에를 치는 '잠실(누에 잠蠶, 집 실室)'이라는 방을 마련해 누에를 키우게 했어요.

잠실을 많이 지은 이유는 풍수지리와도 관련이 있었어요. 한양 한가운데에 있는 남산은 생김새가 누에 머리와 비슷하다고 해서 잠두봉(누에 잠 蠶, 머리 두 頭, 봉우리 봉 峰)이라고도 했어요. 그래서 남산을 중심으로 사방에 뽕나무를 많이 심어 뽕밭을 만들게 했어요. 남산이 좋은 곳이 되어야 한양도 좋은 기운을 받아 더욱 크게 발전하리라고 믿었기 때문이에요.

조선 왕비들은 일 년에 두 번 친잠례를 치렀어요. 친잠례는 왕비가 왕실 사람들과 양반집 부인들을 거느리고 양잠을 직접 선보이던 행사로, 그만큼 양잠을 중요시했다는 걸 보여 주지요.

<u>지금의 서울 '잠실' 지역은 나라에서 관리하던 잠실이 있던 데서 유래한 지명이에요.</u>

서빙고동
조선의 얼음 창고

● 반빙

반빙이란 무더운 여름철에 나라에서 백성들에게 얼음을 나누어 주던 제도예요. 관료들뿐만 아니라 죄인과 환자들에게까지 얼음을 나눠 주었다고 하니, 사람을 먼저 생각한 선조들의 마음을 엿볼 수 있어요.

"대체 얼음을 어떻게 저장하였기에 녹는단 말이냐?"

서빙고를 둘러보던 조선 제9대 임금 성종은 그만 큰소리를 내고 말았어요. 귀한 얼음을 보관하는 서빙고 안에서 얼음이 녹아 물이 새어 나왔거든요. 서빙고를 관리하는 관원들이 일을 소홀히 한 탓이에요. 화가 난 성종은 관원을 모두 관직에서 물러나게 했어요.

서빙고는 조선 태조 때 둔지산 기슭에 설치한 얼음 창고예요. 겨울에 한강물이 네 치(약 12센티미터) 넘게 얼면 얼음을 잘라서 얼음 창고, 즉 빙고(얼음 빙氷, 창고 고庫)에 저장했지요.

그때는 냉장고가 없었기 때문에 겨울철에 한강의 얼음을 떠서 빙고에 저장했다가 여름에 꺼내 사용했어요. 얼음이 귀했던 옛날, 얼음은 한여름에 임금의 더위를 식히기 위해 바치거나 큰 공을 세운 양반들에게 왕이 내리는 하사품으로 썼답니다.

빙고는 대부분 지하에 만들었어요. 얼음과 얼음 사이를 한 치의 틈도 없이 꼼꼼히 메워 쌓으면 얼음이 쉽게 녹지 않았지요.

서쪽에 있는 빙고를 서빙고, 동쪽에 있는 빙고를 동빙고라고 했는데, 서빙고의 얼음은 궁중의 부엌에 공급하고 동빙고의 얼음은 국가의 제사용으로 썼어요. 보통 서빙고가 동빙고보다 열 배 이상 많은 얼음을 저장했답니다.

서울 한강 변에 있는 '서빙고동'은 조선 시대에 얼음을 저장하던 창고인 서빙고에서 유래한 이름이에요. '동빙고동'도 동빙고가 있던 곳이어서 그런 이름이 붙었어요.

서울특별시 강남구 압구정동

압구정

한명회의 정자가 있던 곳

○ 죽은 뒤에 벌을 받은 한명회

한명회는 세조와 성종 시기에 영의정으로 활동하며 큰 권력을 휘두른 인물이에요. 그런데 한명회가 죽은 후, 연산군이 자신의 어머니 윤씨가 폐위된 것에 화가 나서 관련된 사람들을 처벌하는 일이 생겼어요. 한명회는 윤씨의 폐위에 관여했다고 해서 부관참시라는 벌을 받았어요. 부관참시는 이미 죽은 사람의 시체를 무덤에서 꺼내어 처벌하는 몹시 혹독한 형벌이에요.

조선 시대의 정치가 한명회는 수양 대군(세조)이 어린 단종을 쫓아내고 왕위에 오르려 할 때 수양 대군 편에 서서 많은 도움을 주었어요. 수양 대군은 한명회의 결정적인 도움을 받아 왕이 될 수 있었지요. 그래서 한명회는 세조의 신임을 한 몸에 받았어요.

게다가 한명회는 자신의 두 딸을 각각 예종과 성종에게 시집보내 두 임금의 장인이 되면서 누구보다 큰 권력을 손에 쥐었어요.

한명회는 스스로를 중국 송나라의 정승인 한충헌에 비유했어요. 한충헌은 황제를 새로 앉히는 데 큰 공을 세웠지만 양쯔강 근처에 작은 집을 짓고 자연과 벗하며 살았어요. 그 집 이름이 바로 압구정이었지요. 익숙할 압(狎) 자에 갈매기 구(鷗) 자를 쓰는 '압구'는 벼슬을 버리고 강가에 살면서 갈매기와 친하게 지낸다는 뜻이에요.

한명회는 한충헌의 집 이름을 본떠 자기 호를 압구로 짓고, 강가에 '압구정'이라고 이름 붙인 정자도 세웠어요.

"나 한명회도 남을 교묘히 속이는 불순한 마음을 버리고, 욕심 없는 갈매기를 벗 삼아 살겠소."

그런데 한강 변 경치 좋은 곳에 지은 압구정에서는 매일같이 호화로운 잔치가 벌어지고, 각 지방에서 올라온 선물 보따리가 그득했다고 해요. 압구정의 본래 뜻과 달리 한명회는 호화로운 생활을 즐기며 살았던 거예요. 그래서 압구정은 선비들의 비웃음과 비난을 사기도 했지요.

지금의 서울 '압구정동'은 한명회가 지은 정자 압구정에서 유래한 지명이랍니다.

서울특별시 관악구 낙성대동

낙성대

강감찬 장군이 태어날 때 별이 떨어진 곳

- **서울 지하철 2호선 낙성대역**

서울 지하철 2호선에는 낙성대 근처를 지나는 낙성대역이 있어요. 낙성대역 근처에는 강감찬 장군의 생가터와 장군의 동상이 있는 낙성대 공원이 있어요. 낙성대역은 '강감찬역'이라고도 불린답니다.

고려에 머물던 중국 송나라 사신이 어느 날 밤하늘에서 큰 별 하나가 떨어지는 광경을 보았어요. 참으로 신기하여 그 별이 떨어진 곳으로 찾아갔더니 아주 우렁찬 아기 울음소리가 들렸어요. 사신은 태어난 아기가 장차 큰일을 해내리라 생각했어요. 예부터 큰 별이 떨어지면 훌륭한 사람이 태어나거나 세상을 떠난다고 했거든요.

그 아기가 바로 뒷날 고려의 재상이자 명장이 된 강감찬이에요.

강감찬이 한양부 판관으로 있을 때였어요. 그 무렵 한양에는 호랑이가 많아 백성들의 걱정이 끊이지 않았지요.

그러던 어느 날, 강감찬이 하인을 불러 말했어요.

"북문 밖 바위 위에 늙은 중이 앉아 있을 테니 어서 불러오너라."

하인이 늙은 중을 데려오자 강감찬은 그 중을 크게 꾸짖었어요.

"백성들에게 자꾸 해를 입힌다면 네 껍질을 벗겨 깔고 앉을 것이다! 그렇게 되고 싶지 않으면 당장 이곳을 떠나라!"

늙은 중은 강감찬의 말이 끝나기가 무섭게 호랑이로 변하여 도망쳤어요. 그 뒤로 한양에서 호랑이가 사라졌다고 해요.

그리고 강감찬이 서경(지금의 평양) 관리로 있을 때, 거란이 10만 대군을 이끌고 고려를 공격해 왔어요. 그러나 고려는 거란의 침략을 예상하고 이미 20만 군대를 준비해 놓고 있었어요. 이 20만 군대를 지휘한 장군이 바로 강감찬이었지요. 이때 벌어진 귀주 대첩에서 강감찬은 거란의 군대를 크게 무찔렀어요.

강감찬 장군이 태어날 때 큰 별이 떨어진 터라는 뜻에서 그곳을 떨어질 낙(落), 별 성(星), 터 대(垈) 자를 써서 '낙성대'라 부르게 됐어요. 서울 관악구의 '낙성대'라는 지명은 바로 여기서 생겨났답니다.

서울특별시 용산구 이태원동

이태원

조선 시대에 외국인들이 모여 살았던 동네

🟡 이태원

이태원은 조선 시대부터 외국 상인들이 많이 모여 다양한 문화가 어우러져 있었어요. 지금도 이태원은 여전히 외국인이 많이 찾는 곳으로, 여러 나라의 음식을 맛볼 수 있는 인기 명소예요.

임진왜란 때 조선을 침략한 일본의 장군 가토 기요마사가 한양으로 쳐들어왔을 때 일이에요. 비구니(여승)만 있는 운종사라는 작은 절에 가토가 부하들을 거느리고 나타났어요.

"소문대로 이 절에는 어여쁜 여승이 정말 많구나. 이제 여승들은 나를 잘 모시도록 하라!"

힘없는 여승들은 가토와 왜병들의 명령을 따를 수밖에 없었어요.

임진왜란이 끝날 무렵, 가토는 조선을 떠나면서 운종사에 불을 질렀어요. 절이 불에 타 없어지자 왜병들과 함께 지냈던 여승들은 갈 곳을 잃었어요. 더구나 왜병의 아이를 낳은 여승들도 있었기 때문에 마을로 들어가 살 수도 없었어요.

"우리가 마을에 내려가면 여승이 왜병의 아이를 낳았다고 손가락질하거나 욕할 거예요."

전쟁이 끝나자 여승들과 아이들 그리고 조선에 포로로 잡혔다가 자기 나라로 돌아가지 못한 왜병들은 오갈 데 없는 처지가 됐지요. 이 사람들은 운종사가 있던 곳 근처로 하나둘씩 모여들어 마을을 이루며 살았어요.

이들이 모여 살던 마을에는 배나무밭이 많아 배나무 이(梨), 클 태(泰), 집 원(院) 자를 써서 '이태원'이라고 일컬었어요. 그런가 하면 외국인을 가리키는 '이타인'들이 모여 살던 곳이라고 해서 이태원이 되었다는 설도 있어요. 이처럼 이태원의 지명에는 여러 유래가 있지만, 옛날부터 이태원은 외국인들이 모여 살던 곳이라는 사실을 알 수 있어요.

회기

연산군의 어머니 폐비 윤씨의 묘가 있던 곳

● 연산군은 왜 '군'이라고 할까?

연산군은 조선 제10대 왕이었지만 중종반정으로 폐위당하면서 왕자 시절에 받은 칭호를 그대로 사용하게 됐어요. 조선 왕조에서 반정(신하들이 군사를 일으켜 왕을 폐위하는 일)으로 폐위된 임금은 연산군과 광해군 두 명뿐이에요.

조선의 임금 성종이 궁궐을 산책하다가 나인 한 명을 보았어요. 그 나인은 훗날 성종의 후궁이 되어 연산군을 낳고 중전 자리까지 오르지요. 그 중전이 바로 윤비예요.

윤비가 연산군을 낳아 기르는 동안 성종이 또 다른 후궁을 예뻐하자 윤비는 질투가 났어요. 윤비는 화가 나서 소리를 지르며 성종에게 대들었어요.

"어떻게 저를 이렇게 푸대접하실 수 있습니까? 저는 왕자를 낳은 이 나라의 중전입니다!"

성종이 윤비를 나무라자 윤비는 손톱을 세워 성종의 얼굴을 할퀴었어요. 성종의 얼굴에는 붉은 손톱자국이 났지요.

성종의 어머니 인수 대비와 신하들은 임금의 얼굴에 상처를 낸 윤비를 용서해서는 안 된다며, 당장 궁궐에서 쫓아내야 한다고 했어요. 결국 윤비는 중전 자리에서 쫓겨나 사약까지 받게 되었어요.

사약을 받은 윤비는 하염없이 눈물을 흘리며 후회했어요.

"전하, 제가 죽거든 건원릉 가는 길목에 묻어 주십시오. 아들이 왕위에 올라 능에 갈 때 멀리서나마 그 모습을 보고 싶습니다."

건원릉은 경기도 구리에 있는 태조 이성계의 무덤이에요. 성종은 윤비의 유언대로 건원릉 가는 길목 한적한 곳에 윤비를 묻었어요.

연산군은 왕위에 오른 뒤에야 어머니의 죽음을 알게 되었어요. 그는 어머니의 묘를 품을 회(懷) 자를 써서 '회묘(懷墓)'라 일컬었어요. 그래서 그 일대를 '회묘동'이라 했는데, 이 회묘동이 '회기동'으로 바뀌었어요.

방배동

세종에게 왕위를 양보한 양녕 대군이 등을 돌려 떠난 곳

● 세종은 왜 '대왕'이라고 할까?

대왕이라는 칭호는 특별한 업적을 쌓거나 덕망이 높은 왕에게 붙이는 호칭이에요. 세종을 대왕이라고 일컫는 이유는 백성을 위해 많은 업적을 남기고, 문화와 과학을 발전시킨 위대한 왕이기 때문이지요.

조선 제3대 임금 태종은 첫째 아들인 양녕 대군에게 왕위를 물려줄 생각이었어요. 그러나 양녕 대군은 과연 자기가 조선을 평화롭고 튼튼한 나라로 만들 임금이 될 수 있을지 걱정이었어요.

"나보다 지혜롭고 인자한 충녕에게 왕위를 양보해야겠어."

양녕 대군은 동생인 충녕 대군에게 왕위를 넘기기로 마음먹었어요. 이때부터 양녕 대군은 궁중의 규칙을 어기고 사냥을 다니며 자유롭게 살았어요. 신하들은 양녕 대군이 임금으로서 자질이 부족하다고 태종에게 알렸어요. 태종은 고민 끝에 양녕 대군 대신 충녕 대군에게 왕위를 물려주었어요. 태종 다음으로 임금이 된 충녕 대군이 바로 세종이에요.

신하들은 세종에게 양녕 대군을 주의하라고 자주 말했어요.

"전하, 양녕 대군이 언제든 반란을 일으켜 전하의 자리를 뺏을 수도 있습니다."

"허허허. 우리 형님을 모르시는군요. 나에게 왕위를 넘겨주신 분입니다. 절대로 엉뚱한 생각을 하실 분이 아니에요."

세종은 양녕 대군을 감쌌어요. 양녕 대군 또한 괜한 오해를 사지 않기 위해 한강 남쪽에만 있었어요. 조선 시대에 한강 남쪽에 있다는 것은 한양을 벗어나 조용히 시골에 머문다는 뜻이었거든요.

이때 양녕 대군이 머물렀던 곳 가운데 하나가 지금의 서울 방배동 근처라고 해요. 양녕 대군이 등을 돌려 떠난 곳이라는 뜻으로 방향 방(方), 등 배(背), 마을 동(洞) 자를 써서 '방배동'이라고 부르게 되었답니다.

서울특별시 동작구 상도동·노량진동

장승배기

사도 세자의 묘를 참배하러 가던 길에 장승을 세운 곳

- **장승**
돌이나 나무에 사람 얼굴을 새겨서 마을 또는 절 어귀에 세운 푯말이에요. 주로 마을 사이의 경계를 나타내거나 마을의 수호신 역할을 했어요.

사도 세자는 그의 아버지 영조가 뒤주에 가둔 지 여드레 만에 죽었어요. 평소 사도 세자를 미워하던 조정의 신하들이 사도 세자의 행실이 바르지 않다고 영조에게 일러바친 바람에 그렇게 비통하게 목숨을 잃었지요.

영조에 이어 임금이 된 정조는 아버지인 사도 세자를 몹시 그리워했어요. 나랏일로 바빠도 틈나는 대로 아버지 무덤에 찾아가 아버지의 넋을 위로했어요.

그날도 사도 세자의 묘인 현륭원으로 가기 위해 정조와 신하들이 길을 나섰어요. 지금의 경기도 수원에 있는 현륭원까지 꽤 먼 길을 가야 했기 때문에, 정조 일행은 큰 나무가 빽빽한 숲에서 잠시 쉬어 가기로 했어요.

정조 일행이 쉰 곳은 집도 없고 오가는 사람마저 드물어 해가 지면 어디서 귀신이 튀어나올 것처럼 무서웠어요. 정조는 이곳에 장승을 세우라고 명령했어요.

"현륭원 가는 길목인 이곳에 장승을 세워라. 하나는 남자 모양으로 만들어 천하대장군이라 하고, 또 하나는 여자 모양으로 만들어 지하여장군이라 하여라. 그러면 백성들도 더는 이곳을 무서워하지 않겠지."

정조의 명에 따라 이곳에는 두 개의 장승이 세워졌어요. 그 뒤로 오가는 사람들은 물론이고 정조도 편안한 마음으로 다닐 수 있었지요. 이때부터 여기에 '장승배기'라는 이름이 붙었고, 정조는 현륭원을 오갈 때마다 이 장승 앞에서 잠시 쉬어 갔다고 해요.

📍 서울특별시 서초구 양재동

말죽거리
피란길에 오른 인조가 죽을 얻어먹은 곳

● 말죽거리의 다른 유래

말죽거리는 조선 시대에 한양으로 드나드는 골목이었어요. 한양으로 들어가거나 한양에서 나오는 사람들이 잠시 쉬며 '말에게 죽을 먹이는 거리'라는 뜻으로 '말죽거리'라고 부르게 되었다는 설도 있어요.

인조는 광해군을 몰아내고 조선 제16대 임금이 되었어요. 그런데 광해군을 몰아낼 때 많은 공을 세운 이괄 장군은 인조에게 점점 불만이 쌓였어요. 이괄은 공을 인정받아 좋은 벼슬에 오르리라고 기대했는데, 지방의 낮은 벼슬자리를 받았거든요. 게다가 다른 신하들이 이괄을 역적으로 몰아세우자 이괄은 더욱 화가 났어요.

　　마침내 이괄은 반란을 일으켰어요.

　　"전하, 어서 피하셔야 합니다. 이괄이 반란을 일으켜 지금 경복궁으로 쳐들어오고 있습니다!"

　　이괄이 도성을 침범하자 인조는 황급히 한강을 건너 한양을 빠져나가려고 했어요. 그런데 한강 나루터에는 배가 한 척도 묶여 있지 않고, 모두 강 한가운데에 떠 있었어요.

　　"무슨 좋은 수가 없겠는가?"

　　인조와 신하들이 발을 동동 구르자 충심 깊은 신하 한 명이 강에 뛰어들어 배를 끌고 나왔어요. 덕분에 인조 일행은 무사히 강을 건넜지만 배도 고프고 지칠 대로 지쳐 꼼짝할 수가 없었지요.

　　이 소식을 전해 들은 마을 선비들이 인조 일행에게 주기 위해 얼른 팥죽을 쑤었어요. 인조는 급히 피란을 가던 길이라 말에서 내리지도 못한 채 말 위에서 뜨거운 죽을 먹고 부랴부랴 마을을 떠났어요.

　　이렇게 임금이 말 위에서 죽을 드신 곳이라 해서 이때부터 이 마을을 '말죽거리'라고 불렀다고 해요.

 서울특별시 종로구 청진동

피맛골

백성들이 벼슬아치의 마차를 피해 다닌 골목

● **피맛골의 다른 유래**

임금이 성균관(조선 시대에 유학을 가르치던 교육 기관. 오늘날의 국립 대학)에 들어가면 임금을 호위하는 무관들은 따라 들어가지 못했어요. 대신 근처에 말을 묶어 두고 임금이 나올 때까지 피해 있었다고 해요. 그래서 '피맛골'이라 불렀다는 유래도 전해져요.

"모두 길을 비키시오! 정승 대감 행차시오!"

"모두 길을 비키시오! 병조 판서 행차시오!"

길을 가던 백성들은 한 발짝도 움직이지 못하고 죽은 듯이 엎드렸어요. 조선 시대에는 가마나 말을 타고 행차하는 높은 벼슬아치가 길을 지나가면, 신분이 낮은 백성들은 이들이 다 지나갈 때까지 땅에 엎드려 있어야 했어요. 행차가 지나간 뒤에야 일어나 가던 길을 갈 수 있었지요.

한양의 종로는 궁궐로 가는 길과 이어지고 큰 시장과 상점들이 있어서 상인과 일반 백성들이 많이 다녔어요. 그래서 높은 벼슬아치들이 한꺼번에 궁궐에 들어가는 날이면 종로를 지나가던 백성들은 볼일을 제대로 볼 수 없었어요. 길을 가다가 하루에도 수십 번씩 한참을 엎드려 있어야 했기 때문이에요.

백성들은 이런 어려움을 피하기 위해 큰길 뒤쪽으로 난 좁은 골목길로 다니기 시작했어요. 그러면 벼슬아치들의 행차가 지나가도 눈에 띄지 않으니 엎드려 있지 않아도 됐지요.

벼슬아치들의 행차를 피해 백성들이 다니던 종로의 골목길이 바로 '피맛골'이에요. '말을 피한다'는 뜻의 피마(피할 피避, 말 마馬)에서 유래한 이름이랍니다.

행차가 길어 시간이 오래 걸리면 피해 있어야 하는 시간도 길어졌겠죠? 그래서 이곳에는 백성들이 한참 동안 피해 있을 만한 소박한 술집과 음식점이 많이 생겨났다고 해요.

절두산

흥선 대원군이 천주교 신자의 머리를 자른 산

○ 병인박해

조선 후기에 흥선 대원군이 천주교 선교사와 신도들을 처형한 사건이에요. 프랑스 선교사 아홉 명과 천주교 신자 8천여 명이 처형당했어요.

"저 천주쟁이의 목을 당장 쳐라!"

천주교를 못마땅히 여긴 흥선 대원군(조선 제26대 임금 고종의 아버지)은 천주교인이라고 하면 무조건 잡아들였어요. 흥선 대원군이 천주교를 싫어한 데는 이유가 있었어요.

조선이 황금과 인삼이 많은 나라로 서양에 알려지면서 외국 배들이 조선을 찾아왔어요. 그런데 서양 사람들은 물건을 빼앗아 갔을 뿐 아니라 조선 사람들을 괴롭히고 업신여겼어요. 이를 보다 못한 흥선 대원군은 서양 사람들이 들어오지 못하게 쇄국 정책을 펼치고 서학, 즉 천주교를 탄압한 끝에 프랑스 선교사 아홉 명을 처형했어요.

이 사실을 알게 된 프랑스는 함대를 보내 강화도를 점령하고 한강의 양화진까지 쳐들어왔어요. 흥선 대원군은 더욱 화가 나서 천주교 신자들을 마구 잡아들였어요.

"외국 오랑캐로 더럽혀진 한강 물을 천주교 무리들의 피로 씻어 내야 한다!"

프랑스 함대가 양화진으로 쳐들어오자, 흥선 대원군은 그 복수로 양화진이 보이는 산봉우리에서 천주교 신자들을 처형했어요. 어른이든 아이든 천주교 신자라면 모조리 잡아들여 목을 베었지요.

그 뒤, 이곳에는 천주교 신자들의 머리를 벤 곳이라는 뜻으로 끊을 절(切), 머리 두(頭), 뫼 산(山) 자를 써서 '절두산'이라는 이름이 붙었어요.

📍 서울특별시 동대문구 제기동

제기동
임금이 친히 제사를 지내던 곳

○ **신농씨와 후직씨**

신농씨는 중국의 고대 전설에 나오는 임금 중 한 명으로, 인간에게 농사짓는 법과 약초의 쓰임을 알려 주었다고 전해져요. 후직씨는 고대 중국의 순임금 때 사람들에게 농사를 가르쳐서 '후직'이라는 벼슬을 받아 후직씨라고 불려요.

"올해도 풍년이 들도록 하늘에 정성껏 제사를 지냅시다."

조선 임금 성종은 하늘에 제사를 지내기 위해 선농단을 쌓았어요. 인간에게 농사짓는 법을 가르쳐 줬다는 전설 속의 인물 신농씨와 후직씨에게 풍년을 기원하려고 해마다 선농제를 지냈는데, 선농단은 그 제단이에요.

성종은 선농단에서 신하들과 함께 한 해 농사가 풍년이 들게 해 달라고 하늘에 제사를 지냈어요. 비가 오지 않아 가뭄이 들 때는 기우제를 지내기도 했어요. 또한 곡식이 익어 가는 가을에는 하늘에 감사하는 마음으로 왕이 직접 벼를 베는 관예례도 치렀지요.

조선 제21대 임금 영조는 손자인 정조를 데리고 직접 밭을 갈았어요. 조선의 마지막 왕인 순종 때까지 임금이 직접 밭을 갈아 백성들에게 모범을 보였다고 해요.

선농단에서 제사를 지낸 뒤에는 농민들을 위해 소를 잡고 곰국을 끓여 나누어 먹었는데, 이 음식을 '선농탕'이라고 했어요. 오늘날 우리가 먹는 설렁탕은 선농탕에서 유래한 음식이에요.

예전에 선농단이 있던 곳을 '계터 마을'이라고 일컬었어요. 제사를 지내던 터라는 뜻의 '제터'가 발음이 변해서 '계터'가 됐지요. '제사를 지내던 터'를 한자로는 제사 제(祭)에 터 기(基) 자를 써서 '제기'라고 해요. 서울의 '제기동'은 선농단을 쌓고 임금이 하늘에 제사를 지낸 터라는 뜻에서 생겨난 마을 이름이에요.

서울특별시 서대문구 홍제동

홍제동

국립 여관 홍제원이 있던 곳

● **조선 시대의 자선 시설**

조선 시대에는 홍제원 말고도 가난하고 어려운 사람들을 돕는 자선 시설이 여럿 있었어요. 예를 들어 제생원은 병자를 무료로 치료해 주는 병원이었어요. 또 혜민서에서는 가난한 사람들에게 약을 무료로 나눠 주었어요.

먼 길을 거쳐 조선에 도착한 중국 사신 일행은 몹시 지쳤어요.

"오늘은 홍제원에서 쉬었다가 내일 한양으로 들어갑시다."

"홍제원? 거기가 어떤 곳인가요?"

"조선에서 운영하는 국립 여관이라오. 우리 중국 사신들을 위해 쉴 곳을 마련해 준 거지."

조선의 도성 근처에는 지친 여행자들이 쉴 수 있는 곳이 네 군데 있었어요. 그중 하나인 홍제원은 국립 여관이었어요. 중국에서 온 사신들이 조선 임금에게 예를 갖추려고 예복으로 갈아입던 곳으로, 다른 국립 여관보다 규모가 컸어요.

날이 저물면 여행자들은 돈을 내지 않고도 홍제원에서 묵을 수 있었어요. 뿐만 아니라 홍제원에서는 가난한 병자를 무료로 치료하고 약을 주기도 했어요. '홍제'는 널리 홍(弘), 구제할 제(濟) 자를 써서 '널리 베풀다'라는 뜻인데, '홍제동'이라는 마을 이름도 이곳에서 유래했어요.

홍제원 안쪽에 있는 작은 냇가 홍제천에는 슬픈 사연이 깃들어 있어요. 1636년에 병자호란이 일어나자 조선 여인들은 청나라로 끌려가 갖은 수모를 당하고 돌아왔어요. 이 여인들은 오랑캐에게 몸을 더럽혔다는 이유로 이웃이나 가족에게 환영받지 못했지요.

고민 끝에 임금은 청나라에서 돌아온 여인들이 홍제천 맑은 물에서 목욕을 하면 아무것도 묻지 않겠다고 했답니다. 그리고 여인들의 정절을 문제 삼는 자는 엄하게 처벌하겠다고 했어요.

서울특별시 종로구 계동

계동

조선 시대의 병원 제생원이 있던 곳

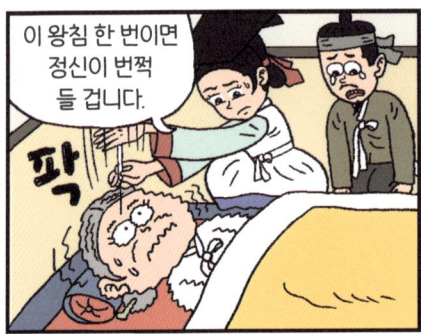

- **의녀**

아픈 여성들을 치료하기 위해 제생원에서 최초로 여성 의관인 의녀를 뽑았어요. 의녀는 보통 천한 신분의 어린 노비들 중에서 선발했어요. 양반집 여성들은 남성과 접촉이 있는 일을 할 수 없었기 때문이죠.

"아이고, 배야. 아이고, 배야."

지난밤에 배가 너무 아파 잠을 잘 수 없었던 꽃분이는 동이 트자마자 제생원으로 향했어요. 제생원은 가난한 백성의 병을 치료하기 위해 조선 태조 때 세운 병원이에요.

꽃분이는 제생원 앞에 다다르자 잠시 망설였어요. 혹시라도 남자 의관이 진찰할까 봐 걱정됐거든요. 아무리 배가 아프다지만 어떻게 남자 의관에게 배를 보여 주겠어요?

이때 마침 제생원으로 들어가던 의녀(여자 의관)가 아픈 배를 움켜쥐고 서성이는 꽃분이를 봤어요.

"어디가 아파서 왔어요?"

"밤새도록 배가 아파서요. 그런데 제생원에 의녀들이 있나요?"

"내가 바로 의녀예요. 자, 아픈 곳을 어서 보여 주세요."

의녀라는 직업은 조선 태종 때 처음으로 생겼는데, 제생원에서 남자 의관에게 진찰받는 것을 부끄러워하는 여자 환자들을 진료하기 위해 뽑았어요. 의녀들이 환자만 돌본 것은 아니에요. 부자들이 사치스런 혼례를 치르는지 감시하거나, 사대부 집안에서 사건이 생기면 범인을 조사하고 체포하는 일을 하기도 했어요.

서울 계동은 제생원이 있던 동네라 하여 처음에는 '제생동'이라고 했어요. 그러다 제생동이 잘못 불리면서 '계생동'으로 굳어졌는데, 계생의 발음이 술을 파는 기생과 비슷하다는 이유로 '생' 자를 빼고 '계동'으로 바꿨다고 해요. 본래 이름과는 많이 달라졌지만, 계동은 제생원이 있던 곳에서 유래한 지명이에요.

서울특별시 종로구 재동

재동

계유정난의 피비린내를 재로 덮었던 곳

● **조선의 임금을 조와 종으로 나누는 기준**

조선 시대 왕을 부를 때는 '조(祖)'와 '종(宗)'이라는 호칭을 쓰는데, 각각 기준이 있어요. '조'는 나라를 세우거나 큰 위기에서 나라를 구한 왕에게 붙이는 호칭이고, '종'은 덕으로 나라를 잘 다스린 왕에게 붙이는 호칭이에요.

아버지 문종이 세상을 일찍 떠나자 열두 살 어린 나이에 임금이 된 단종은 하루하루가 힘들었어요. 나이 많은 신하들이 이러면 안 된다, 저리해야 한다 주장하며 서로 더 많은 권력을 차지하려고 다투었거든요. 특히 왕위를 넘보는 작은아버지 수양 대군이 언제 자신을 없애려 할지 몰라 더더욱 마음을 졸이며 살았어요.

"마음이 어지러워 안 되겠다. 누님인 경혜 공주 댁에 가자."

걱정이 끊이지 않았던 단종은 경혜 공주를 자주 찾아가 위로받으며 시간을 함께 보냈어요.

어느 날, 단종이 경혜 공주 집으로 향한다는 소식을 들은 수양 대군은 오늘이야말로 어린 단종을 왕위에서 끌어내릴 좋은 기회라고 생각했어요. 그는 단종을 보호하는 신하들까지 없애려 했어요.

"임금이 궁을 비운 틈에 먼저 좌의정 김종서를 없앨 것이다! 다른 신하들도 궁에 입궐하라고 한 뒤 모두 없애 버리겠다."

수양 대군은 병사들을 이끌고 궁궐로 들어가 단종을 따르던 신하들을 모두 없애 버렸어요. 이 사건이 바로 수양 대군이 왕위를 빼앗기 위해 일으킨 계유정난이에요.

이때 죽은 사람들의 피가 마을에 강물처럼 흘러 피비린내가 진동했다고 해요. 사람들은 피비린내를 없애려고 마을 곳곳에 재를 뿌렸어요. 재를 얼마나 많이 뿌렸는지, 마을은 온통 재투성이가 됐어요.

이런 연유로 사람들은 이곳을 '잿골'이라고 일컬었어요. '재동'은 이 잿골을 한자로 바꾸면서 만들어진 지명이에요.

서울특별시 은평구 진관동

진관동

고려 현종의 목숨을 구한 진관 대사에게서 비롯된 동네

○ 불교의 나라 고려

고려의 국교(한 나라의 공식적인 종교)는 불교였어요. 고려 시대에는 왕을 비롯한 많은 사람들이 불교를 깊이 믿어 큰 절과 불상을 많이 만들었어요. 특히 팔만대장경이라는 귀한 불교 경전을 만들어 나라를 지키고자 했어요. 그래서 고려는 '불교의 나라'로 불리기도 했답니다.

고려 제7대 임금 목종에게는 자식이 없었어요. 그래서 목종은 친척인 왕순을 세자로 삼았어요.

왕순은 목종의 뒤를 이을 세자로 정해지긴 했지만, 순조롭게 왕위에 오르지 못했어요. 목종의 어머니 천추 태후가 막강한 권력을 쥐고 있었거든요. 천추 태후는 김치양이라는 신하와 나랏일을 자주 의논하며 아주 가깝게 지냈어요. 그러다 서로 좋아하게 된 두 사람은 아들을 낳았답니다. 천추 태후는 왕순 대신에 자기 아들을 임금으로 만들고 싶었어요.

"왕순이 없어져야 우리 아들이 임금이 되고, 우리도 계속 힘을 유지할 텐데요."

그래서 천추 태후와 김치양은 왕순을 삼각산에 있는 절로 보내 승려로 만들었어요. 그래도 마음이 놓이지 않았던 두 사람은 자객을 시켜 왕순을 해치려 했어요. 왕순은 다른 절로 도망가기도 했지만, 김치양은 끊임없이 자객을 보내 왕순의 목숨을 노렸어요.

그때 절의 주지 스님인 진관 대사가 왕순을 보호하기 위해 땅굴을 파고 대피시켰어요. 왕순은 진관 대사의 도움 덕분에 화를 면하고 몇 년 뒤에는 왕위에 올랐어요. 바로 고려의 제8대 임금 현종이에요.

현종은 임금이 되자마자 몇 번의 죽을 고비에서 자신을 구해 준 진관 대사에게 은혜를 갚고자 절을 짓고 '진관사'라고 이름 붙였어요. 서울 '진관동'은 진관사가 있는 곳이라 하여 붙은 지명이며, 진관동의 삼각산 북쪽에는 지금도 진관사가 있어요.

◎ 서울특별시 성북구 돈암동

돈암동
병자호란 때 오랑캐가 넘어간 되너미 고개

● 병자호란

병자호란은 1636년에 청나라가 조선을 침략한 전쟁이에요. 청나라는 명나라 대신 자기 나라를 섬기고 조공을 바치라고 요구했지만 조선은 거부했어요. 그러자 청나라가 조선을 침략했고, 힘이 약한 조선은 삼전도에서 항복하고 말았어요.

"오랑캐다! 오랑캐가 쳐들어왔다!"

청나라 군사들이 거침없이 고갯마루를 넘어 한양으로 쳐들어왔어요. 청나라가 조선을 침략한 병자호란이 일어난 거예요.

청나라 군사들이 물밀듯이 쳐들어오자 당시 조선의 임금 인조는 신하들과 함께 서둘러 남한산성으로 피했어요. 그곳에서 청나라에 맞서 버티려 했지요. 그러나 청나라 군사들이 남한산성을 포위한 지 한 달이 지나면서 식량이 떨어지고 추위가 점점 심해지자, 남한산성을 지키던 병사들이 하나둘 목숨을 잃어 갔어요.

결국 조선은 항복하고야 말았어요. 청나라의 요구에 따라 인조는 청나라 태종에게 세 번 절하고 아홉 번 머리를 조아리는 의식을 치러야 했어요. 조선 역사상 가장 치욕적인 항복이었지요.

병자호란 때 '되놈(청나라를 세운 여진족을 낮추어 부르던 말)'이라고 불리던 청나라 군사들이 한양으로 쳐들어올 때 넘어온 고개가 '되너미 고개'예요. 바로 지금의 서울 돈암동에 있는 미아리 고개이지요. '돈암'은 '되너미'를 음이 비슷한 한자로 바꾼 거예요.

되너미 고개는 일제 강점기부터 미아리 고개라고 불렸어요. 미아리 고개 아래에는 공동묘지가 있었는데, 억울하게 죽은 조선인들의 상여가 묘지로 향하는 동안 곡소리가 끊이지 않았다고 하여 '한 많은 미아리 고개'라고도 했지요.

서울특별시 광진구·경기도 구리시

아차산

명종이 점쟁이 홍계관을 죽이고 아차! 했던 곳

● 아차산

서울 동쪽에 자리 잡은 아차산에는 역사적으로 중요한 유적이 많아요. 아차산성이라는 백제 시대의 성이 있으며 고구려와 신라의 유물도 발굴됐어요. 아차산 정상에서는 서울 시내가 한눈에 보이고 산책로와 등산로가 잘 정비되어 사람들이 많이 찾아요.

서울 동쪽에 있는 아차산에는 재미있는 이야기가 전해 내려와요.

조선 명종 때 홍계관이라는 점쟁이가 살았어요. 홍계관은 눈이 보이지 않았지만, 사람들이 물어보는 것마다 정확히 알아맞혀 유명했어요. 점쟁이 홍계관이 용하다는 소문을 듣고 명종은 그를 궁궐로 불러들였어요.

명종은 홍계관을 시험해 보려고 작은 궤짝 하나를 내밀었어요.

"네가 점을 그리 잘 친다던데, 이 궤짝 안에 뭐가 있는지 맞혀 보아라. 맞히면 너의 소원을 들어주고, 틀리면 네 목을 자를 것이다."

홍계관은 한참 동안 가만히 궤짝을 바라보았어요.

"쥐 세 마리가 있습니다."

그런데 궤짝을 열어 보니 안에는 암컷 쥐 한 마리밖에 없었어요. 명종은 벼락같이 화를 냈지요.

"네 이놈! 못된 술수로 백성들을 속이고 다니다니! 여봐라, 당장 이놈을 사형에 처하라!"

홍계관은 서울 동쪽의 고갯마루로 끌려갔어요.

명종은 그렇게 용하다는 점쟁이가 틀린 것이 이상하여 혹시나 하는 마음에 신하에게 쥐의 배를 갈라 보라고 했어요. 그랬더니 암컷 쥐의 배 안에 새끼 두 마리가 있지 뭐예요.

명종은 '아차!' 하며 사형을 멈추게 하라고 신하를 보냈어요. 그러나 안타깝게도 홍계관은 이미 목이 베인 뒤였어요.

명종이 '아차!' 하고 뒤늦게 탄식한 까닭에, 홍계관이 사형당한 장소를 '아차고개'라 했어요. 그리고 아차고개가 있는 산을 '아차산'이라 불렀다고 해요.

서울특별시 용산구 용산동1, 2가

해방촌

해방 직후 실향민들이 정착한 동네

- **실향민**

  실향민은 고향을 떠난 뒤 어떤 이유로 말미암아 고향에 돌아갈 길이 막힌 사람을 가리키는 말이에요. 우리나라에서는 6·25 전쟁 이후 남한과 북한으로 분단되면서 고향으로 돌아갈 수 없게 된 실향민이 많이 생겼어요.

1945년에 우리나라가 일본에서 해방됐을 때, 만주와 일본 등 해외에서 지내던 동포들은 고국으로 돌아와 서울의 남산 아래에 터를 잡았어요. 또 6·25 전쟁 때 남쪽으로 피란 온 이북 사람들도 그곳에 임시로 모여 살았어요. 그렇게 고향을 잃은 사람들이 남산 아래에 점점 모여들었어요.

실향민들은 당시 비어 있던 일본군 관사(관리들이 머물도록 지은 집)에 모여 살았어요. 그런데 미군정이 실시되면서 들어온 미군이 그곳을 미군 관사로 쓰겠다며 다짜고짜 사람들에게 나가라고 했어요.

"여기서 모두 나가시오! 이제부터 이 건물은 우리가 쓸 겁니다."

"우리 같은 실향민을 내쫓으면 어디로 가란 말인가요? 집 잃고 고향 잃은 것도 서러운데……."

남산 밑에 겨우 터를 닦고 살던 사람들이 쉽게 물러서지 않자 미군들은 주민들을 강제로 내쫓았어요. 몹시 가난한 실향민들은 하는 수 없이 토굴을 파거나 나무로 대충 집을 지어 살았어요.

정부의 허가를 받지 않은 판잣집이 점점 늘어나자 나라에서는 철거반원을 동원해 강제로 집을 부수었어요. 그러나 실향민들은 밤이 되면 다시 판잣집을 지어 그곳을 떠나지 않았어요. 해방과 6·25 전쟁이라는 어지러운 시기에 고향을 떠나온 사람들에게 이곳은 새로운 고향이 되었어요.

1950년대에 거대한 판자촌이었던 이곳은 해방 직후 실향민들이 만든 마을이라 하여 '해방촌'으로 불렸어요. 지금의 서울 용산동1, 2가로, 남산 아래 언덕에 만들어진 마을이 바로 해방촌이랍니다.

서울특별시 광진구 자양동

뚝섬

깃발 중에서도 으뜸인 둑을 세우던 곳

○ **둑제**

임금이 군대의 훈련 상태를 직접 확인하거나 군대를 출동시킬 때, 행렬 앞에 둑을 세우고 지내는 국가 제사예요. 전쟁에 승리하여 병사들이 무사히 돌아오기를 빌었어요.

"둑치는 대체 무얼 했길래 둑이 이렇게 지저분한가. 이래서야 어찌 둑제를 지내겠느냐!"

임금이 둑을 관리하는 신하를 엄하게 꾸짖었어요. 둑이란 전쟁의 신으로 모시는 치우천왕의 모습을 본뜬 것으로, 큰 창에 검은 소의 털을 꽂아 만든 깃발이에요. 둑은 깃발 중에서도 가장 으뜸인 대장기였기 때문에 늘 조심스레 다루었지요.

그런데 둑을 관리하는 둑치가 제대로 돌보지 않아 지저분해진 거예요. 더군다나 둑에 제사를 지내는 둑제가 곧 열리는데 둑이 더러우니 화가 날 수밖에요.

"전하, 앞으로는 이런 일이 없도록 온 정성을 다해 둑을 보살피겠습니다."

신하는 임금 앞에 넙죽 엎드려 싹싹 빌었어요.

언제부터 둑제를 지냈는지 정확한 기록은 없지만, 고려 시대를 거쳐 조선 시대까지 이어졌어요. 조선 태조 때부터 성종 때까지는 임금이 직접 사냥을 나가면 그 표시로 둑기를 세웠다고 해요.

서울의 '뚝섬'은 왕이 자주 사냥을 나와 둑기를 세우던 곳이에요. '둑기를 세운 섬'이라는 뜻에서 뚝섬이라고 부르게 됐어요. 뚝섬은 둑기를 세우고 둑제를 지내던 곳이자 왕의 사냥터였던 셈이에요.

오늘날 뚝섬에는 지명의 유래를 알려 주는 유래비가 세워져 있어요. 그리고 공원으로 가꾸어져 많은 사람들에게 사랑받고 있답니다.

서울특별시 마포구 당인동

당인동

조선 여인을 사랑한 명나라 병사가 살았던 동네

● **임진왜란 때 명나라가 조선을 도운 이유는?**

명나라는 조선과 오랫동안 친구처럼 지내며 서로 도와주는 관계였어요. 게다가 일본이 조선을 침략하면 명나라까지 위험해질 수 있었어요. 그래서 명나라는 조선을 도와 일본의 침략을 막으려고 했답니다.

임진왜란이 일어났을 때, 중국 명나라는 군대를 보내 조선을 도왔어요. 이때 명나라에서 온 병사 한 명이 조선의 여인을 보고 한눈에 반해 그 여인에게 혼인을 청했어요. 그러나 여인은 명나라 사람과 혼인할 수 없었어요.

여인은 어느 선비와 혼인했는데, 남편이 3년 만에 세상을 떠나자 친정으로 돌아왔지요. 그때껏 여인을 잊지 못하고 기다리던 명나라 병사는 여인에게 다시 청혼했어요. 여인도 그 병사의 변함없는 사랑에 감동하여 마음을 열었고, 두 사람은 드디어 부부가 되었어요.

명나라 병사는 부지런히 일했어요. 특히 댕기에 물감을 들이고 금박 입히는 일을 잘해서 재산을 많이 모았어요. 다섯 아들까지 둔 명나라 병사는 세상에 부러운 것이 없었어요.

그런데 명나라 병사는 나이를 먹으면서 부모님과 고향을 그리는 마음이 차츰 깊어 갔어요. 그는 죽기 전에 부모님을 뵙고 오겠다며 고향으로 가더니 5년이 넘도록 돌아오지 않았어요.

그러던 어느 날, 어떤 명나라 사람이 찾아와서 남편이 병으로 세상을 떠났다는 소식과 금 두 덩이를 유품으로 전해 주었어요. 날벼락 같은 소식에 여인과 아들들은 큰 슬픔에 잠겼지요.

사람들은 그들이 살던 마을을 댕말이라 불렀어요. 댕말은 댕기 마을 또는 당인 마을이라고도 하는데, 당(당나라 당唐)은 중국을 가리키는 말로 중국 사람이 살던 마을이라는 뜻이에요. 댕말은 당인리라 불리다가 지금의 '당인동'이 되었답니다.

 서울특별시 강서구 화곡동

곰달래길

밝고 고운 달빛에 얽힌 슬픈 사랑 이야기

● 『삼국유사』

『삼국유사』는 고려 시대에 일연 스님이 쓴 역사책으로, 고구려·신라·백제의 다채로운 전설과 민속, 불교에 관한 이야기 등이 실려 있답니다.

백제의 음월과 음소는 서로 사랑하여 결혼을 약속한 사이였어요. 그런데 신라와 백제 사이에 전쟁이 일어나 음소는 전쟁터로 나가게 됐어요. 음소는 전쟁터로 떠나며 음월에게 말했어요.
　"동산에 둥근달이 떠오르면 백제가 이긴 것이니 나를 기다리고, 칠흑 같은 밤이 되면 백제가 진 것이니 나를 잊고 다른 사람을 찾아 떠나시오."
　몇 날이나 계속되던 신라와 백제의 싸움이 끝날 무렵, 동산 위로 크고 둥그런 달이 떠올랐어요. 음월은 무척이나 기뻤어요.
　"이제 음소 님을 무사히 볼 수 있겠구나!"
　그러나 잠시였을 뿐, 이내 먹구름이 끼더니 하늘이 캄캄해졌어요. 백제가 전쟁에 지고 음소도 목숨을 잃었다고 생각한 음월은 몹시 슬펐어요. 음월은 캄캄한 밤하늘을 원망하며 산 아래로 몸을 던져 스스로 목숨을 끊었어요.
　그런데 잠시 뒤에 먹구름이 지나가더니 다시 달이 나오고, 환한 달빛 아래 저 멀리서 그림자 하나가 다가왔어요. 바로 음월을 보고 싶어 한달음에 달려온 음소였지요. 그러나 음소가 도착했을 때는 이미 음월이 목숨을 끊은 뒤였어요.
　이렇게 밝고 고운 둥근달이 떠올랐는데, 그것도 모르고 목숨을 끊은 음월을 생각하며 음소는 밤새 구슬피 울었어요.
　두 젊은이의 서글픈 사랑이 끝나 버린 이곳을, 밝고 고운 달빛이 비치는 내가 흐르던 곳이라는 뜻으로 '곰달내'라고 했어요. 곰달내는 발음이 조금 바뀌어 '곰달래'가 되었고, 그 주변에 이르는 도로에는 '곰달래길'이라는 이름이 붙었어요.

제물포
백령도
의정부
탄천
임진강
덕릉 고개
재인 폭포
살해재
한탄강
백마고지
서산
박달재
위례산

백령도

2장
인천·경기도·강원도· 충청도의 지명

제물포

조선의 문호 개방을 재촉한 항구

◦ 인천의 명물 차이나타운

조선 시대 말부터 제물포에는 외국인이 많이 들어와 살았어요. 그중 청나라 사람들이 특히 많이 모여 살던 곳이 현재 인천의 명물인 차이나타운이에요. 차이나타운에서는 여러 가지 특별한 중국 음식을 맛볼 수 있어요. 우리가 즐겨 먹는 '짜장면'이 탄생한 곳이기도 해요.

조선 초, 태종은 한양에서 가까운 인천을 지키기 위해 군사 기지를 설치하기로 했어요. 인천에 설치한 군사 기지는 외적의 침입에서 바닷가를 지키고 물건을 실어 나르는 배를 안전하게 지키는 임무를 맡았던 곳으로, '제물량영'이라고 했어요. 조용하고 작은 어촌이었던 이곳은 제물량영이 설치된 포구(물이 있어 배가 드나드는 곳)라는 뜻에서 '제물포'라고 불렸어요.

조용하고 평화롭던 제물포는 조선 말기에 임오군란이 일어나면서 널리 알려졌어요. 임오군란은 왕실이 신식 군대 별기군과 조선의 구식 군대를 차별하자, 임오년(1882년)에 구식 군대의 군인들이 반란을 일으킨 사건이에요.

"별기군은 쌀만 주면서 우리는 왜 쌀에 모래를 잔뜩 섞어 줘?"

"봉급도 일 년 넘게 밀렸어! 우리도 군인인데 왜 차별하는 거야?"

구식 군대의 군인들은 별기군 훈련장으로 쳐들어갔어요. 그리고는 조선에 들어와 있던 일본 관료를 없애고 그들이 일하는 곳을 공격했어요. 구식 군대의 반란에 단단히 화가 난 일본은 조선에 책임을 따져 물었어요.

임오군란 문제를 해결하기 위해 조선과 일본은 제물포에서 조약을 맺었는데, 이를 제물포 조약이라고 해요.

제물포 조약을 맺은 이듬해부터 일본 상인들이 인천항을 통해서 조선으로 건너와 제물포에 마을을 이루며 살았어요. 이를 시작으로 여러 나라의 배와 사람들이 제물포에 점점 많이 드나들자, 얼마 뒤에 조선은 나라를 개방할 수밖에 없었답니다.

인천광역시 옹진군 백령면

백령도

학이 맺어 준 사랑

- **백령도**

  백령도는 우리나라에서 가장 서쪽에 있는 섬이에요. 북한, 중국과 매우 가까워 군사적으로 아주 중요하고, 물자를 실은 배나 어선이 많이 지나는 곳이기도 해요.

옛날 황해도 작은 마을에 살던 선비가 길을 가다가 어여쁜 처자를 만났어요. 선비와 처자는 서로 마음이 끌려 혼인을 약속했지요.

그런데 그 처자는 무섭기로 소문난 사또의 딸이었어요. 선비는 용기를 내어 사또를 찾아가 혼인을 허락해 달라고 말했어요.

"가난한 선비 주제에 감히 내 딸을 넘보다니! 절대 안 된다!"

사또는 둘의 혼인을 반대했어요. 그렇지만 선비와 처자는 헤어질 수 없어서 사또의 눈을 피해 날마다 몰래 만났어요. 이 사실을 알게 된 사또는 딸을 멀리 외딴섬으로 보내 버렸어요.

홀로 남은 선비는 처자를 찾으려고 여기저기 알아봤지만 도무지 찾을 수가 없었어요. 선비는 처자가 그리워 시름시름 앓았어요.

그러던 어느 날, 꿈속에 하얀 학 한 마리가 나타나 선비에게 종이를 주며 여기에 적힌 곳으로 찾아가라고 했어요. 깜짝 놀라 잠에서 깬 선비가 옆을 보니 정말로 종이 한 장이 놓여 있지 뭐예요.

선비는 아픈 몸을 이끌고 그 장소를 찾아 헤매다가 드디어 어떤 섬에 도착해 꿈에 그리던 처자를 만났어요. 서로 얼싸안고 기뻐한 두 사람은 외딴섬에서 오래오래 행복하게 살았답니다.

사람들은 그 섬을 하얀 학이 알려 주었다고 해서 백학도(흰 백白, 학 학鶴, 섬 도島)라고 불렀어요. 섬의 생김새가 날개를 활짝 펼친 따오기 같다고 해서 곡도(고니 곡鵠, 섬 도島)라고도 했고요. 그래서 백학도 또는 곡도라고 불리던 이 섬을 지금은 흰 백(白), 깃털 령(翎), 섬 도(島) 자를 써서 '백령도'라고 해요.

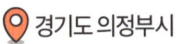 경기도 의정부시

의정부
태종을 미워한 태조가 머무르던 곳

● 왕자의 난
조선 초기에 왕위를 둘러싸고 태조 이성계의 아들들 사이에서 벌어진 두 차례의 난이에요. 이 과정에서 태조의 다섯째 아들 이방원이 형과 동생들을 죽이고 왕이 되었어요.

조선 태조는 아들들이 임금 자리를 놓고 서로 싸우고 죽이자 화가 나서 함흥으로 갔어요. 형제들 가운데 임금이 된 태종 이방원은 함흥으로 신하를 보내 태조를 한양으로 모셔 오려고 했어요. 그러나 태조는 함흥에 오는 신하들을 죽이거나 옥에 잡아 가두었어요.

그러던 어느 날, 태조는 화가 가라앉았는지 한양과 가까운 곳으로 거처를 옮겼어요. 태종은 그곳에서 잔치를 열어 태조를 기쁘게 해 주려고 했어요. 그런데 마음이 들뜬 태종과 달리 신하 하륜은 불길한 예감이 들었어요.

'상왕(태조)께서 전하를 곱게 용서해 줄 리가 없는데 이상하군.'

하륜은 활을 잘 쏘는 태조가 마음만 먹으면 화살로 태종을 맞힐 수도 있다고 생각했어요. 그래서 잔치 자리에 펼친 천막 사이사이로 튼튼하고 큰 기둥을 많이 세웠어요. 혹시 태조가 활을 쏘면 태종이 기둥 뒤로 몸을 피할 수 있게 하려고요.

잔치가 열리는 날, 아직 화가 풀리지 않았던 태조는 하륜의 예상대로 태종을 향해 활을 쏘았어요.

"형제들을 죽이고 왕이 되다니, 그러고도 네가 만백성의 어진 임금이라고 할 수 있느냐!"

그러나 태종을 겨냥한 화살은 하륜이 미리 세워 둔 기둥에 꽂혔어요. 기둥 덕분에 태종은 목숨을 건질 수 있었지요.

태조는 태종을 향한 미움을 모두 버리지 못해 한양으로는 가지 않고 근처에만 머물렀어요. 태조가 한양 근처에서 머무르는 동안 몇몇 관리들이 그곳에 모여 나라 정책을 결정하는 '의정부 회의'를 했어요. 그래서 그곳을 '의정부'라 일컫게 되었답니다.

탄천

경기도 용인시·성남시

삼천갑자 동방삭이 속아 넘어간 곳

● **탄천의 다른 유래**

탄천은 순우리말로 '숯내'라고도 하는데, 실제로 조선 시대에는 탄천 근처에 숯을 만드는 곳이 많았다고 해요. 또한 냇물이 쉽게 넘쳐 농부들이 탄식했다고 하여 탄천이라는 이름이 붙었다는 설 등 여러 유래가 전해 오고 있어요.

먼 옛날, 옥황상제에게는 한 가지 걱정이 있었어요. 바로 너무너무 오래 살아 골칫거리가 된 삼천갑자 동방삭이라는 사람 때문이었어요. 삼천갑자 동방삭은 글자 그대로 삼천갑자를 살았는데, 삼천갑자는 약 18만 년이나 되는 아주 긴 세월이에요. 옥황상제는 고민 끝에 꾀를 내어 삼천갑자 동방삭을 잡아들이기로 했어요.

동방삭이 경기도 어느 마을에 들락거린다는 얘기를 듣고 옥황상제는 저승사자를 그곳으로 내려보냈어요. 그리고 그 마을 근처 냇가에서 숯을 씻으라고 명령했어요. 저승사자는 젊은 청년으로 변해서 옥황상제가 시킨 대로 매일매일 냇물에 숯을 씻었어요.

그러던 어느 날, 냇가를 지나던 동방삭이 숯을 씻고 있는 청년을 발견했어요. 멀쩡하게 생긴 청년이 그러고 있으니, 동방삭은 무슨 까닭인지 몹시 궁금했어요.

"젊은이, 왜 숯을 물에 씻는 게요?"

"그야 숯이 하얘지라고 씻지요."

동방삭은 기가 막혔어요. 아무리 씻는다고 해도 검은 숯이 하얘질 리가 없잖아요.

"내가 삼천갑자를 살았지만 숯을 씻어서 하얘졌다는 것은 보지도 듣지도 못했소."

그 말을 듣고 청년은 '이 사람이 동방삭이구나!' 싶었어요. 청년은 저승사자로 다시 변해 동방삭을 잡아 하늘로 데려갔어요.

저승사자가 동방삭을 잡기 위해 숯을 씻은 곳을 '숯내' 또는 숯 탄(炭)에 내 천(川) 자를 써서 '탄천'이라 했어요. 경기도 탄천은 동방삭을 잡으려고 냇가에서 숯을 씻었다는 전설에서 유래한 지명이에요.

경기도 연천군 군남면 왕림리

임진강
삼국의 전투가 치열했던 곳

○ **신라의 김춘추**

김춘추는 신라의 귀족으로, 제29대 왕인 태종 무열왕이 되었어요. 그는 신라의 정치와 문화를 발전시켰으며, 외교에서도 뛰어난 능력을 보여 주었어요. 훗날 고구려와 백제를 멸망시키고 삼국을 통일했지요.

백제의 잦은 침략에 신라의 재상 김춘추는 고민이 많았어요. 김춘추는 고구려의 연개소문을 찾아가 신라를 도와 달라고 부탁했어요.

"고구려가 우리 신라를 도와 백제를 물리친다면, 우리 신라도 고구려가 당나라와 싸울 때 돕겠습니다."

"힘없는 신라의 도움은 필요 없소. 잘못 찾아오셨소!"

연개소문에게 거절당한 김춘추는 당나라에 가서 도움을 청했어요. 당나라는 호락호락하지 않은 고구려를 공격할 수 있는 좋은 기회라 여기고 신라에 군대를 보내 주었어요. 이렇게 해서 신라와 당나라 사이에 나당 연합이 이루어졌어요.

나당 연합군은 먼저 백제를 공격해 멸망시켰어요. 그러고는 오랜 전쟁 때문에 국력이 약해진 고구려에도 쳐들어가기로 했어요.

나당 연합군은 고구려의 진임현에 있던 칠중하라는 강을 건너야 했어요. 물살이 빠른 굴곡이 일곱 개가 있어서 칠중하라는 이름이 붙은 이곳은 한반도의 중심에 위치하여 군사적으로 매우 중요했어요. 그래서 고구려, 백제, 신라가 칠중하를 사이에 두고 자주 다투었지요. 칠중하에 다다른 나당 연합군은 고구려와 큰 싸움을 벌여 고구려를 멸망의 길로 몰아넣었어요.

고구려가 멸망한 뒤에 진임현은 신라 땅이 되었어요. 신라는 고구려 영토였던 진임현을 임진현이라고 바꾸었어요. 그리고 신라 경덕왕 때 칠중하를 임진현에 있는 강이라는 뜻으로 고쳐 부르면서 '임진강'이 되었어요.

📍 경기도 남양주시 별내동

덕릉 고개

선조의 아버지 덕흥 대원군의 묘가 있던 곳

○ 무덤의 명칭

조선 시대에는 신분에 따라 무덤의 이름이 달랐어요. 왕과 왕비의 무덤은 '능'이라 하고, 왕이나 왕비 자리에 오르지 못한 왕의 부모나 왕세자 내외의 무덤은 '원'이라고 해요. 왕자와 공주, 또는 왕위에 올랐다 하더라도 폐위당한 임금의 무덤은 '묘'라고 한답니다.

조선의 선조는 왕위에 오르자 돌아가신 아버지의 초라한 묘소가 마음에 걸렸어요. 선조의 아버지는 중종의 일곱째 아들인 덕흥군인데, 왕위에 오르지 못한 채 젊은 나이에 세상을 떠났어요. 나중에 아들인 선조가 임금이 되자 덕흥군은 대원군으로 지위가 올랐지요. 그렇지만 덕흥 대원군 자신이 임금은 아니었기 때문에 묘가 능으로 오르진 못했어요.

선조는 덕흥 대원군의 묘를 능으로 올리고 싶었어요.

"알다시피 덕흥 대원군의 아버님은 중종이셨고, 아들인 나 또한 임금이 되었소. 그러니 덕흥 대원군의 묘를 능으로 올리면 어떻겠소?"

그러자 신하들은 일제히 반대했어요. 선조는 능으로 올리는 것을 단념하는 대신에 한 가지 방법을 생각했어요.

어느 날, 선조는 동대문 밖에서 시탄상(장작과 숯을 파는 장사꾼)을 불렀어요.

"너는 지금부터 네 가게 앞을 지나가는 나무꾼과 숯장수를 불러 어디를 지나왔느냐고 물어봐라. 그들이 덕흥 대원군의 '묘'를 지나왔다고 하면 그대로 보내고, 덕흥 대원군의 '능'을 지나왔다고 하면 밥과 술을 후하게 대접하고 나무와 숯을 높은 값으로 사들여라."

선조의 명을 받은 장사꾼은 하루도 빠짐없이 그대로 실천했어요. 소문은 삽시간에 퍼져, 가게 앞을 지나가는 사람들 대부분이 덕흥 대원군의 '능'을 지나왔다고 대답했어요. 그 뒤로 많은 사람들이 덕흥 대원군의 묘소를 '덕릉'이라고 부르게 됐어요. 그리고 이 덕릉이 있던 고개는 '덕릉 고개'가 되었지요.

경기도 연천군 연천읍 고문리

재인 폭포

광대 재인이 떨어져 죽은 곳

○ 재인(才人)

재인은 잔치 자리에서 광대 일을 하던 사람을 통틀어 지칭하는 말이에요. 재주를 넘거나 짓궂은 동작으로 사람을 웃기기도 하고, 악기로 음악도 연주하며 잔치의 흥을 돋웠지요.

옛날에 재인이라는 광대가 살았어요. 재인에게는 온 동네에 소문이 자자할 만큼 아름다운 부인이 있었어요. 어느 해, 재인이 사는 마을에 원님이 새로 왔어요. 원님은 자신을 환영하는 자리에서 재인의 곁에 서 있는 예쁜 부인을 보고 한눈에 반하고 말았지요.

"이를 어쩐다. 다른 사람의 부인을 빼앗을 수도 없고······."

그러던 어느 날, 원님은 관아 사람들과 함께 시원한 폭포 아래에서 잔치를 벌였어요. 원님은 재인에게 재주를 선보이라고 했어요.

"광대 재인은 폭포 위에서 줄 타는 재주를 한번 보여 주게."

재인이 폭포 위에 매단 줄을 한 발 한 발 타며 폭포 중간쯤에 이르렀을 때였어요. 갑자기 밧줄이 툭 끊어지면서 재인은 폭포 아래 깊은 계곡으로 떨어져 그만 목숨을 잃고 말았지요. 원님이 미리 밧줄을 끊어 놓아 재인을 죽게 만든 거예요. 재인의 부인은 이 사실을 알고 복수를 결심했어요.

며칠 뒤, 원님은 재인의 부인을 불렀어요. 원님은 이제 부인을 차지할 수 있다는 생각에 한껏 기분이 좋았어요.

그런데 얼마 지나지 않아 원님 방에서 비명이 들렸어요. 하인들이 깜짝 놀라 방으로 가 보니, 원님이 재인의 부인에게 코를 물려 코가 떨어져 나간 채 피를 흘리고 있었어요. 가엾은 부인은 혀를 깨물어 스스로 목숨을 끊었고요.

그 뒤로 사람들은 광대 재인이 떨어져 죽은 이 폭포를 '재인 폭포'라 불렀어요. 그리고 이 마을을 코 문 이(코를 문 사람)가 살았다 하여 코문리라고 했지요. 시간이 흐르면서 코문리는 '고문리'로 바뀌었어요.

📍 강원도 삼척시 근덕면

살해재
공양왕이 머물다 죽임을 당한 언덕

● 비운의 임금 공양왕

공양왕은 고려의 마지막 임금이에요. 1392년에 이성계가 조선을 세운 뒤에도 고려의 전통을 이어 가기 위해 공양왕을 왕으로 대우했지만, 몇 년 후에 이성계의 명령으로 공양왕이 살해당하면서 고려 왕조는 막을 내렸어요.

"공양왕을 공양군으로 낮춰 부르고 왕위에서 쫓아냅시다!"

고려 말, 임금보다 더 큰 권력을 손에 쥐고 있던 이성계 장군은 공양왕이 어리석고 덕이 없다는 이유로 왕위에서 끌어내렸어요. 그러고는 나라 이름을 조선으로 새로이 바꾸고 왕이 되었지요. 공양왕은 가족과 함께 강원도의 작은 시골 마을로 쫓겨났고요.

이처럼 이성계가 공양왕을 쫓아내고 조선의 첫 임금이 되었지만 이성계를 따르는 신하들은 마음이 불안했어요.

"전하, 공양왕을 살려 두면 고려를 다시 세우려는 무리가 반란을 일으킬 것입니다."

"그러하옵니다. 공양왕을 살려 두어서는 안 됩니다."

"꼭 공양왕을 없애야겠소?"

이성계는 깊은 고민에 빠졌어요. 이미 왕위를 빼앗기고 시골에서 지내는 공양왕을 꼭 죽여야 하는지 결정하기가 힘들었거든요.

그러나 신하들의 끈질긴 설득에 못 이겨 이성계는 공양왕을 없애기로 마음먹었어요. 얼마 뒤, 이성계는 공양왕이 머물고 있는 마을로 자객을 보냈어요. 자객은 마을 가까이에 있는 작은 언덕으로 공양왕과 왕비 그리고 두 왕자를 끌고 가 목숨을 빼앗았어요. 고려의 마지막 임금 공양왕은 이렇게 최후를 맞이했지요.

공양왕이 머물렀던 강원도의 작은 마을은 임금이 지내던 마을이라는 뜻으로 대궐 궁(宮), 마을 촌(村), 마을 리(里) 자를 써서 '궁촌리'라고 불렸어요. 그리고 공양왕의 온 가족이 목숨을 잃은 곳은 임금이 살해당한 언덕이라고 해서 '살해재'라고 한답니다.

강원도 철원군 갈말읍

한탄강
궁예의 탄식이 어린 강

- 궁예는 어떤 인물이었을까?

궁예는 신라 귀족 집안에서 태어났지만 어릴 때 부모에게 버림받아 승려로 자랐어요. 훗날 후고구려를 세운 궁예는 자신이 세상을 구할 부처, 즉 미륵불이라 주장하며 백성들에게 숭배받으려 했어요. 그러나 점점 독단적인 행동을 하면서 폭군이 되었고, 결국 왕의 자리에서 쫓겨나 비참한 최후를 맞이했답니다.

우리나라가 신라, 후백제, 후고구려로 나뉘어 있던 후삼국 시대의 일이에요. 후고구려를 세운 궁예는 신라와 끊임없이 전쟁을 치른 끝에 신라의 땅 절반을 빼앗았어요. 그리고 장수 왕건의 도움을 받아 땅을 넓혀 갔어요. 힘을 얻은 궁예는 나라 이름을 태봉으로 바꾸고, 자신이 세상을 구원할 미륵불이라고 주장했어요. 궁예는 자기 말을 듣지 않는 신하들을 마구 죽이고 점점 폭군으로 변했어요.

　궁예의 행동을 보다 못한 신하들은 왕건을 임금으로 세우고 궁예를 내쫓았어요. 쫓겨난 궁예는 철원을 지나가다 맑은 물이 흐르는 아름다운 강을 만났어요. 이 강가에는 검고 구멍 난 돌이 유난히 많았어요. 예부터 철원은 벌레를 먹은 듯 구멍이 숭숭 뚫린 현무암이 많기로 유명한 곳이었지요.

　궁예는 강을 건너다가 문득 돌에 구멍이 숭숭 뚫려 있는 것을 발견했어요.

　"아, 내 몸도 이제 이 돌들처럼 늙고 좀먹었으니 나도 운이 다한 듯하구나!"

　싸움에 지친 궁예가 이렇게 자기 처지를 슬퍼하며 한탄했다고 하여 그때부터 그 강을 한탄강으로 불렀다고 전해져요.

　한탄강은 본래 크다는 뜻이 담긴 한(漢)과 여울을 뜻하는 탄(灘)이 합쳐져 큰 여울을 뜻하는 말이에요. 그러나 궁예의 일을 비롯해 6·25 전쟁 때 많은 사람이 이곳에서 목숨을 잃었기 때문에 한탄스러운 강이라는 뜻으로 여기기도 해요.

📍 강원도 철원군 철원읍

백마고지

국군 제9사단이여, 마지막까지 지켜 내라!

● **6·25 전쟁**

6·25 전쟁은 1950년 6월 25일에 북한이 남한을 공격하면서 시작된 전쟁이에요. 같은 민족끼리 싸운 비극적인 전쟁으로 약 300만 명이 넘는 사람들이 목숨을 잃고 수많은 이들이 고통을 겪었답니다. 1953년에 휴전 협정을 맺어 전쟁은 멈췄지만, 남한과 북한은 세계에서 유일한 분단국가로 남아 있어요.

6·25 전쟁이 한창 벌어지고 있을 때였어요. 북한은 중국군의 도움을 받아 대대적인 공격을 했어요. 남한의 국군과 국제 연합군도 지지 않고 전투를 벌였어요. 치열한 싸움이 이어지자 국제 연합군은 군대를 정비할 시간을 벌려고 중국군에게 먼저 휴전 협상을 제안했어요.

　　그러나 휴전 협상은 쉽게 이루어지지 않았어요. 휴전 협상을 유리하게 이끌려면 우선 전투에서 유리한 고지를 차지해야 했어요. 그래서 양쪽은 지금의 강원도 철원에서 395고지 쟁탈전을 벌였어요.

　　이 고지는 매우 중요한 곳이었어요. 계곡 일대가 한눈에 내려다보일 뿐만 아니라 철원으로 도로가 이어져서 이 길을 통해 군사와 무기, 식량을 나를 수 있었거든요. 반대로 중국군 처지에서는 395고지를 차지해야 국군이 군수품 나르는 걸 막을 수 있었지요.

　　철원의 395고지는 순식간에 전쟁의 핵심 지역이 됐어요. 마침내 4만이 넘는 중국군이 쳐들어오자, 이곳을 지키던 국군 제9사단의 김종오 장군은 이렇게 외쳤어요.

　　"395고지를 절대 빼앗겨서는 안 된다. 죽기를 각오하고 싸워라!"

　　고지를 차지하기 위해 보름 동안 서로 뺏고 빼앗기는 싸움을 이어간 끝에 국군은 고지를 점령할 수 있었어요.

　　이 전투에서 국군과 중국군이 사용한 포탄과 탄피는 헤아릴 수 없을 정도로 많았고, 사망한 군사도 무척 많았어요. <u>전투가 끝난 뒤, 고지는 풀 한 포기 없는 허허벌판이 되었어요. 위에서 내려다보니 허연 들판이 마치 흰 말이 누워 있는 모습처럼 보인다고 해서 395고지를 '백마고지'라고 부르기 시작했답니다.</u>

서산

상서로운 분이 살았던 곳

- **무신 정변**

  무신은 군사 일을 맡아보던 신하를 말해요. 고려 왕실과 조정은 오랫동안 무신을 차별하고, 문신을 중심으로 정치 활동을 해 왔어요. 그러자 정중부, 이의방을 비롯한 무신들이 불만을 품고 1170년에 난을 일으킨 사건이에요.

무신 정변이 일어난 뒤로 100년 동안 고려에서는 임금보다 무신의 권력이 강했어요. 이에 위기를 느낀 고려 원종은 왕권을 지키려면 원나라의 힘이 필요하다고 생각했어요. 그래서 세자를 원나라 황제의 사위로 삼아 달라고 간곡히 부탁하기도 했답니다.
　고려 문신 정인경이 원종의 명을 받아 세자를 모시고 원나라에 다녀오는 길이었어요. 세자 일행이 압록강을 건너려고 할 때, 궁궐에서 급한 전갈이 왔어요. 원나라에 굽실대는 임금을 못마땅히 여긴 임연 장군이 원종을 왕위에서 끌어내렸다는 소식이었어요. 일행이 놀라 우왕좌왕할 때 정인경이 나섰어요.
　"나라가 위태로울 때는 자신과 가정을 뒤로하고 오직 나라를 구하는 데 힘을 쏟읍시다."
　정인경은 먼저 세자를 다시 원나라로 보내 세자의 안전을 지켰어요. 그러고는 원나라 황제에게 부탁해 원종을 왕위에서 끌어내린 자들을 잡아들였지요. 그렇게 해서 무신 정권은 막을 내렸어요.
　정인경의 충성심 덕분에 목숨을 구한 세자는 원종의 뒤를 이어 충렬왕이 되었어요. 충렬왕은 자신을 도와준 정인경에게 높은 벼슬을 내렸어요. 또한 정인경이 태어난 지방은 나라에 공을 많이 세운 상서로운 분이 산다는 뜻으로 서주목(상서로울 서瑞, 고을 주洲, 행정 구역 목牧)이라고 이름 붙였어요. 서주목은 조선 시대에 서산군이 되어 지금은 '서산'으로 불리고 있어요.

📍 충청북도 제천시

박달재

박달 도령의 이루지 못한 사랑

○ 조선 시대의 과거

과거는 조선 시대에 관직에 나가려는 사람들이 치르던 시험이에요. 주로 글쓰기 실력과 유교의 가르침을 얼마나 잘 아는지 평가했어요. 과거에 급제하면 높은 벼슬에 오를 수 있어서 많은 선비들이 열심히 공부했답니다. 지금의 수능처럼 조선 시대에는 매우 중요한 시험이었죠!

조선 시대에 경상도 선비 박달이 과거를 보기 위해 한양으로 가고 있었어요. 산을 넘다가 어느덧 날이 저물자 박달은 근처에 있는 집의 문을 두드렸어요.

"지나가던 나그네인데 하룻밤만 재워 주실 수 있겠소?"

"집이 누추한데 괜찮으실지 모르겠어요."

박달은 그 집에 사는 아름다운 처자 금봉을 보자마자 마음을 빼앗겨 버렸어요. 금봉도 박달을 보고 한눈에 반해 버렸지요.

이튿날 아침, 박달은 과거에 급제해서 금봉과 혼인하기로 약속하고 한양으로 떠났어요. 그러나 금봉 생각에 제대로 공부가 되지 않아 과거에 낙방하고 말았어요. 박달은 창피해서 금봉에게 바로 가지 못했어요.

그런 줄도 모르고 금봉은 박달이 과거에 급제하기만을 빌었어요. 그러나 과거가 끝나고 며칠이 지나도록 박달이 오지 않자, 금봉은 박달이 떠난 고갯길을 오르내리며 애타게 기다리다 죽고 말았어요.

뒤늦게 돌아온 박달은 금봉이 죽었다는 소식에 땅을 치며 울었어요. 그런데 울다 지쳐 고갯길을 바라본 박달의 눈에 금봉이 보였어요. 박달은 벌떡 일어나 금봉의 이름을 부르며 쫓아가 금봉을 와락 안았어요. 그러나 금봉의 모습은 사라지고, 박달은 낭떠러지 아래로 떨어져 죽고 말았어요.

그 뒤로 사람들은 박달 선비가 죽은 고개라 하여 이곳을 '박달재'라고 불렀어요.

위례산

백제가 고구려에 패하고 눈물 흘린 산

● 용샘의 전설

위례산에는 용샘이라는 샘이 있어요. 용샘은 백제의 수도였던 공주까지 이어지는데, 용으로 변한 왕이 용샘을 통해 공주로 이동했다는 재미있는 전설이 있답니다.

먼 옛날 백제의 수도였던 공주에 전해 내려오는 이야기예요.

백제는 험난한 산을 방패 삼아 고구려 군사와 몇 날 며칠을 싸웠어요. 백제가 강인한 고구려 군사를 상대로 버틸 수 있었던 이유는 백제의 임금이 용왕의 아들이었기 때문이에요. 임금은 새벽이면 용으로 변해 신통한 묘술로 고구려 군사들을 물리치고, 밤이면 다시 공주로 돌아가 나랏일을 살폈어요.

그러던 어느 날, 낮에는 어디로 사라졌다가 밤에만 나타나는 임금을 이상하게 여긴 임금의 처남이 여동생인 왕비에게 물었어요.

"얘야, 임금이 낮에는 도대체 어딜 가는 게냐?"

"오라버니, 임금은 사람이 아니라 용이에요!"

처남은 사람 행세를 하는 용을 없애기로 마음먹었어요. 그래서 용이 좋아한다는 제비를 잡아 미끼로 만든 뒤, 용으로 변한 임금이 나온다는 강가에 숨었어요.

용으로 변하여 싸움을 마치고 돌아오던 임금은 몹시 피곤하고 배가 고팠어요. 마침 가장 좋아하는 제비가 보이자 용은 얼른 제비를 물었지요. 그러자 처남이 낚싯대로 용을 힘껏 낚아채 내던져 버려서 용은 그만 죽고 말았어요.

백제 임금이 죽은 이튿날, 고구려군과 백제군은 백제를 방패처럼 막아 주던 산에서 여느 날과 다름없이 전투를 벌였어요. 그런데 용이 나타나지 않아서였을까요? 백제는 물밀듯이 쳐들어오는 고구려에 패하고 말았어요. 전쟁에서 진 백제군은 무릎을 꿇고 땅을 치며 슬피 울었어요. 그래서 이 산을 '울애산' 또는 '우래산'이라고 불렀는데, 이것이 지금의 '위례산'이 되었다고 해요.

3장 부산·대구·경상도·전라도·제주도의 지명

해운대
이기대
광복동
팔공산
안심동
통영
피끝마을
섬진강
차귀도
제주
백록담

📍 부산광역시 해운대구

해운대

통일 신라의 뛰어난 학자 최치원의 어릴 적 이름

● 신라의 골품 제도

골품제는 신라 사람들의 사회 활동이나 정치 활동뿐 아니라 집의 크기와 옷, 수레 등 일상생활까지 규정했어요. 가장 높은 신분은 성골과 진골이었고, 그다음은 6두품부터 1두품까지 여섯 등급으로 나뉘었어요.

통일 신라의 최치원은 열두 살에 당나라로 유학을 떠나 6년 만에 과거에 급제할 만큼 아주 뛰어난 학자였어요. 당나라에서도 최치원의 글을 높이 인정하여 벼슬을 내렸지요. 당나라에서 이름을 떨치던 최치원은 고국을 위해 일하고 싶어 신라로 돌아왔어요. 그러나 최치원은 신라의 골품 제도 때문에 높은 벼슬에 오를 수 없었어요.

골품 제도란 신라 때 혈통에 따라 나눈 신분 제도예요. 최치원은 귀족이지만 왕족보다는 낮은 육두품 출신이어서 아무리 훌륭한 일을 해도 최고 벼슬에 오를 수 없었지요.

그래도 최치원은 혼란스러운 신라를 바꿔 보고자 개혁안을 냈어요. 최치원의 능력을 알아본 진성 여왕은 그에게 육두품 출신이 오를 수 있는 가장 높은 벼슬인 아찬 관직을 주어 훌륭한 일을 많이 시키고 싶었어요. 그러나 귀족들은 최치원의 개혁안을 반대했어요. 다른 귀족들의 끊임없는 시기와 질투에 마음이 상한 최치원은 벼슬을 버리고 산속으로 들어가기로 했어요.

최치원은 가야산으로 가는 길에 하얀 모래사장이 아름다운 바닷가를 지나갔어요.

"참 아름다운 바닷가로구나! 여기서 잠시 쉬었다 가야겠다."

최치원은 바다와 동백섬이라는 곳을 보며 지친 마음을 달랬어요. 그리고 동백섬 남쪽 암벽에 '해운대'라고 새겼어요. 해운(바다 해海, 구름 운雲)은 최치원의 어릴 때 이름으로 '바다 구름'이라는 뜻이에요. 최치원이 자신의 어릴 적 이름을 암벽에 새긴 뒤로 이 바닷가는 '해운대'라고 불렸어요.

부산광역시 남구 용호동

이기대

왜장을 끌어안고 몸을 던진 두 기생의 혼이 서린 곳

> **또 다른 영웅 논개**
>
> 이기대에 얽힌 전설과 비슷한 이야기로 논개 이야기가 있어요. 논개는 임진왜란 때 경상도 진주성이 함락되자 촉석루 술자리에서 왜장을 껴안고 남강으로 몸을 던져 죽었어요.

임진왜란 때 왜군은 배 수십 척을 끌고 부산포로 쳐들어왔어요. 경상 좌수사였던 박홍이 지레 겁을 먹고 수영성을 버린 채 도망가자 왜적은 순식간에 수영성을 손에 넣었어요.

"하하하, 역시 소문대로 조선은 종이호랑이로군!"

왜적은 수영성을 함락한 뒤 경치 좋은 곳에서 축하 잔치를 벌였어요. 그리고 부산에서 가장 예쁘다는 기생들을 불러 흥겹게 놀았어요. 흥이 오른 왜장은 두 기생이 양옆에 앉아 따라 주는 술을 연거푸 마셨어요.

"장군, 이리 와서 같이 춤을 추어요. 조선의 바다가 이리도 예쁘답니다."

술에 취하고 아름다운 경치에 취한 왜장은 두 기생과 함께 자리에서 일어나 춤을 추기 시작했어요. 두 기생은 흥에 겨운 왜장을 양옆에서 끌어안고 눈빛을 주고받으며 고개를 끄덕였어요. 그러고는 빙글빙글 돌며 왜장을 벼랑 끝으로 이끌었지요.

뒤늦게 이상한 낌새를 눈치챈 왜장은 두 기생에게서 벗어나려 했어요. 그러나 두 기생은 왜장을 더 힘껏 끌어안고 차디찬 부산 앞바다에 몸을 던졌어요.

<u>사람들은 왜장을 끌어안고 바다에 몸을 던진 두 기생을 기리며 부산 앞바다 근처에 무덤 두 개를 만들었어요. 그리고 두 기생이 왜장과 함께 바다에 빠진 곳이라고 이곳을 두 이(二), 기생 기(妓), 대 대(臺) 자를 써서 '이기대'라고 불렀어요. 지금 무덤은 없어졌지만, 이 기내에는 의로운 두 기생의 나라 사랑하는 마음이 어려 있답니다.</u>

📍 부산광역시 중구 광복동

광복동
대한 독립 만세를 외친 곳

○ **동양 척식 주식회사**

1908년에 일본이 조선의 토지와 식량을 빼앗을 목적으로 세운 회사예요. 회사가 점점 커지자 조선뿐 아니라 몽골, 중국, 필리핀 등으로까지 세력을 넓혀 운영했어요.

서양 문물을 일찍 받아들인 일본은 조선과 교류하려 했지만 조선에서는 많은 사람들이 반대했어요. 그러자 일본은 군함과 신식 무기를 앞세워 조선을 위협했어요.

결국 조선은 위협에 못 이겨 일본에 부산, 원산, 인천 세 항구를 개방하고 이곳에 일본인이 거주하는 것을 허락했어요. 특히 부산에 우체국, 병원, 은행 같은 근대식 건물이 들어서고 거리가 정리되자 일본 사람들은 부산으로 몰려왔어요.

이후 조선은 끝내 국권을 잃고 일본의 식민지가 되고 말았어요. 그러자 부산은 일본인들의 중심지가 되어 점점 더 많은 일본인들로 붐볐지요. 일본인들은 우리나라 땅에서 백성들을 괴롭히고 여러 자원을 수탈해 갔어요.

1945년 8월 15일, 조선은 36년이라는 긴 세월 동안 일본의 지배를 받다가 꿈에 그리던 해방을 맞이했어요.

"대한 독립 만세! 대한 독립 만만세!"

그러자 우리 땅에 살던 일본인들은 서둘러 떠나야 했어요. 부산에서도 일본인들은 배를 타고 자기 나라로 도망치듯 쫓겨 갔어요.

사람들은 조국의 광복을 기뻐하며 본래 부산 동래군이었던 곳의 이름을 '광복동'으로 바꾸어 불렀어요.

대구광역시 동구·경상북도 칠곡군 등지

팔공산

왕건을 지키려는 부하 여덟 명이 순절한 곳

● 고려는 어떤 나라였을까?

고려는 918년에 왕건이 후삼국을 통일하여 세운 나라로, 약 474년 동안 이어졌어요. 문화와 기술이 매우 발전한 고려는 고려청자, 금속 활자 같은 훌륭한 문화유산을 남겼어요.

왕건과 고려 군사들이 깊은 산속에서 후백제 군사들에게 포위당하여 위기에 빠졌을 때 이야기예요.

왕건의 부하 장수인 신숭겸은 어떻게든 왕건만큼은 구해야 한다고 생각했어요. 그래서 한 가지 꾀를 냈어요.

"저와 갑옷을 바꿔 입으시지요. 제가 전하인 척하고 앞으로 나설 테니 그 사이에 빠져나가십시오."

신숭겸은 왕건과 옷을 바꿔 입고 장수들과 함께 적진으로 뛰어들었어요. 후백제 군사들은 신숭겸이 왕건인 줄 알고 신숭겸의 뒤를 쫓았어요. 신숭겸, 김낙, 복지겸 등 여덟 명의 장수는 후백제 군사와 용감하게 싸우다 목숨을 잃었고 고려는 크게 졌어요. 왕건은 겨우 목숨만 건졌지요.

그 뒤 왕건은 후백제의 견훤과 한 번 더 전투를 치러 승리하고 후삼국을 통일했어요. 왕건은 후백제군과 맞붙었던 산에 찾아가 자기 대신에 목숨을 잃은 장수 여덟 명을 개국 공신으로 받들고 넋을 위로했다고 해요.

<u>고려와 후백제가 치열한 전투를 벌인 깊은 산은 여덟 명의 장수가 지혜를 모아 왕건을 살리고 대신 목숨을 잃은 산이라는 뜻에서 '팔공산(여덟 팔八, 공평할 공公, 뫼 산山)'으로 이름 붙였어요. 그리고 왕건과 견훤이 치른 전투를 팔공산 전투라고 해요.</u>

📍 대구광역시 동구 안심동

안심동
왕건이 겨우 마음을 놓은 곳

● 왕건이 고려를 세운 이유

후고구려 사람이었던 왕건은 폭정을 일삼는 궁예를 보며 그와는 다른 방식으로 나라를 다스리고 싶었어요. 또한 여러 나라가 나뉘어 싸우고 있던 때여서 새로운 나라를 만들어 평화로운 세상을 만들고 싶었죠. 그래서 왕건은 후삼국을 통일하고 고려 왕조를 세웠어요.

고려를 세운 왕건은 신라와 친하게 지냈어요. 강대한 후백제의 견훤과 맞서려면 신라의 힘이 필요했거든요. 견훤은 고려와 신라가 친하게 지내자 더욱 팽팽히 맞섰어요.

마침내 견훤은 군사를 이끌고 신라를 공격했어요. 그러자 신라 경순왕은 왕건에게 도와 달라고 부탁했어요.

"왕건, 견훤이 신라에 쳐들어오고 있답니다. 우리 좀 도와주시오."

"걱정 마십시오. 우리 고려가 신라를 돕지 않는다면 누가 돕겠습니까? 지금 바로 군사를 이끌고 가겠습니다."

왕건은 군사 5천 명을 이끌고 대구 공산(지금의 팔공산)에서 후백제와 치열한 전투를 벌였어요. 후백제는 쉽게 물러서지 않았어요. 고려의 많은 장수와 군사들이 목숨을 잃었고, 결국 고려는 전투에서 지고 말았어요.

왕건은 견훤과 더 싸웠다가는 목숨이 위태롭겠다고 판단했어요. 그래서 후백제 군사들을 피해 간신히 대구의 어느 지역에 이르렀어요.

"휴! 이제는 안심할 수 있겠다."

그제야 왕건은 등에 흐르는 땀을 식힐 수 있었지요.

이때 왕건이 견훤을 피해 도망쳐 안심하고 숨을 돌린 곳이라 해서 이곳을 편안할 안(安), 마음 심(心), 마을 동(洞) 자를 써서 '안심동'이라 부르게 되었다고 해요.

📍 경상남도 통영시

통영

이순신이 지휘한 삼도 수군 통제영이 있던 곳

● 임진왜란

임진왜란은 1592년에 일본이 조선을 침략하면서 일어난 전쟁이에요. 일본은 조선이 자신들과 동맹을 맺지 않고 중국과 가까이 지내는 게 불만이었어요. 그래서 일본의 권력자 도요토미 히데요시는 조선을 공격하고 중국까지 침략하려는 계획을 세웠어요. 무려 7년 동안이나 이어진 이 전쟁에서 조선의 수많은 백성이 죽고 다쳤어요.

1592년, 조선 선조 때 왜군 15만 명이 함대 700척을 몰고 부산포를 침략했어요. 바로 임진왜란이 일어난 거예요.

  당시 전라 좌수사(전라도의 왼쪽 해안을 관리하는 우두머리)였던 이순신은 옥포에서 왜군을 물리쳤어요. 그러나 조선의 수도 한양은 임진강 쪽에서 쳐들어온 왜군에게 점령당하고 말았어요.

  왜군은 기세를 몰아 조선을 완전히 점령하려고 더 많은 군사와 함대를 보냈어요. 이순신 장군은 일본의 속셈을 알아차리고 미리 준비하고 있다가 다시 한번 크게 무찔렀어요.

  "전하, 이순신 장군이 왜군을 크게 무찔렀다 합니다."

  "이순신 장군이? 그게 정말이오?"

  선조는 크게 기뻐하며 말했어요.

  "당장 삼도 수군 통제영을 만들고, 통제사에 이순신 장군을 임명하라!"

  이순신 장군은 한산도에 삼도 수군 통제영을 설치하고 다음 전투를 승리로 이끌었어요.

  삼도 수군 통제영은 경상도, 전라도, 충청도의 수군을 모두 관리하는 군사 본부였어요. 줄여서 '통제영' 또는 '통영'이라고 했지요. 임진왜란이 일어나자 수군을 총지휘할 목적으로 만든 거예요. 경상남도 '통영'은 바로 통제영이 만들어진 데서 유래한 지명이랍니다.

경상북도 영주시 안정면 동촌1리

피끝 마을

단종 복위를 꾀한 금성 대군의 피가 흐르던 마을

○ 사육신과 생육신

사육신은 단종을 다시 왕위에 올리려고 목숨을 바친 신하 여섯 명을 가리켜요. 생육신은 사육신처럼 죽임을 당하지는 않았지만, 평생 세조에게 반대하며 관직을 버리고 초야에 묻혀 산 여섯 신하를 말하고요. 모두 단종을 배신하지 않고 절개를 지킨 사람들로, 충절과 의리의 대명사로 여겨져요.

조선 세종의 여섯째 아들 금성 대군은 친형인 세조(수양 대군)가 너무 못마땅했어요. 세조가 조카이자 임금인 단종을 몰아내고 왕위에 올랐기 때문이에요. 금성 대군은 친형인 세조보다 조카인 단종을 지지했어요.

세조는 자신보다 단종을 편드는 금성 대군이 마음에 들지 않아 경상북도 순흥(지금의 영주)으로 쫓아냈어요. 그리고 금성 대군의 재산과 노비들을 모두 빼앗았어요.

금성 대군은 세조에게 쫓겨난 뒤에도 단종이 다시 임금이 되어야 한다는 생각을 바꾸지 않았어요. 그래서 생각이 같은 신하들을 모아 단종을 다시 왕위에 올리자고 뜻을 모았어요.

어느 날, 세조는 금성 대군이 단종 복위를 꾀하고 있다는 사실을 알게 되었어요.

"금성 대군이 반란을 일으키려 한다고? 당장 금성 대군에게 사약을 내려라!"

세조의 명을 받은 관리들은 바로 사약을 들고 금성 대군을 찾아갔어요. 그러나 이미 목숨을 걸고 단종 복위 운동을 펼친 금성 대군이었기에 놀라지 않았어요. 단지 힘없고 어린 단종을 두고 먼저 세상을 떠나야 한다는 게 한스러울 뿐이었지요. 금성 대군뿐만 아니라 단종 복위 운동에 뜻을 함께했던 많은 사람들도 처형당했어요.

단종 복위 운동을 꾀했던 순흥에서는 처형당한 희생자들의 피가 시냇물처럼 흘렀나고 해요. 그 피가 흘러 흘러 마침내 끝난 곳이라 하여 그곳을 '피끝이' 또는 '피끝 마을'이라고 부르게 됐어요.

📍 전라남도 광양시 다압면

섬진강

왜적을 물리친 금두꺼비가 나타난 강

● **신령스러운 동물 두꺼비**

한국 전설에 자주 등장하는 두꺼비는 예부터 행운과 복을 가져다주는 동물로 여겨졌어요. 집을 지키는 수호신으로 상징되기도 했고요. 우리가 잘 아는 전래 동화 「콩쥐팥쥐」에서도 두꺼비는 콩쥐를 도와주는 친구로 등장하지요.

고려 말 우왕 때는 왜적이 무척 자주 침입했어요. 전라남도에 있는 섬진강에도 왜적이 자주 나타나 백성들의 피해가 이만저만이 아니었어요.

그러던 어느 날, 왜적이 또 섬진강까지 들어오자 사람들은 불안에 떨었어요.

"왜적이 마을로 들어오는 날엔 우린 다 죽었소."

"하늘도 무심하시지. 왜적을 물리쳐 주지 않고 뭐 하는 거람."

그런데 왜적의 배가 섬진강 나루터에 도착하자 갑자기 희한한 일이 벌어졌어요. 나루터 주변으로 금두꺼비 수십만 마리가 새까맣게 몰려와 울부짖는 거예요. 금두꺼비 떼는 보기만 해도 무시무시하고 소름이 끼쳤어요.

"웬 두꺼비 떼지? 너무 무서워서 내리지도 못하겠네."

왜적은 배에서 내리지도 못한 채 그냥 돌아갔어요. 왜적의 배가 섬진강 나루터에서 멀어지자 금두꺼비들은 약속이라도 한 듯 하나둘 사라지더니 감쪽같이 모습을 감추었어요. 이렇게 해서 섬진강 근처 사람들은 왜적의 침략을 면할 수 있었어요.

섬진강은 예부터 모래가 많아 모래내 또는 다사강(많을 다多, 모래 사沙, 강 강江)이라고 불렸어요. 그러다 금두꺼비 떼가 나타나 왜적을 물리친 뒤로 사람들은 두꺼비 섬(蟾), 나루 진(津) 자를 써서 '섬진강'이라고 바꾸어 불렀지요.

섬진강 근처에 있는 섬거리(두꺼비 섬蟾, 살 거居, 마을 리里)도 두꺼비가 사는 마을이라는 뜻이에요.

제주도 제주시 한경면

차귀도

송나라 풍수지리사 호종단이 돌아가지 못한 곳

차귀도

차귀도는 제주도에 딸린 여러 무인도 가운데 가장 큰 섬이에요. 다양한 동식물이 자라고 해안 절벽과 기암괴석이 절경을 이루어, 천연기념물 제422호이자 천연 보호 구역으로 지정되었어요.

"폐하, 이웃 고려에서 훌륭한 인물이 많이 나오는데, 이는 우리 송나라에 분명 위협이 될 것입니다. 특히 탐라도(제주도)의 기운이 가장 왕성하다 합니다."

신하가 이렇게 말하자 송나라 황제는 걱정이 됐어요. 그래서 땅의 모양새를 잘 살피기로 소문난 호종단이라는 사람을 불러 제주도의 땅과 물의 맥을 끊고 오라고 했어요.

호종단은 제주도 한라산에 올라 주변을 두루 살폈어요.

"흠, 과연 제주도는 머리가 뛰어나고 힘센 장수가 태어날 만한 곳이군. 기를 끊어 놔야겠다."

호종단은 제주도 곳곳을 돌며 땅의 정기가 흐르는 줄기를 끊어 버렸어요. 마을 샘의 맥도 끊었지요.

솟아나던 샘이 마르고 땅의 정기가 끊기자 제주도 땅은 신음을 내질렀어요. 땅의 소리를 들은 한라산 신령은 화가 머리끝까지 나서 호종단에게 벌을 내려야겠다고 결심했지요.

호종단은 제주 앞바다를 지나 송나라로 돌아가고 있었어요. 그때 갑자기 하늘에서 커다란 매 한 마리가 날아오더니 호종단이 타고 있던 배의 돛을 순식간에 찢어 버렸어요. 때마침 폭풍까지 불어닥쳐 배는 산산조각이 났어요. 한라산 신령이 매로 변해서 호종단이 탄 배의 돛을 찢고 폭풍을 일으킨 거예요.

송나라로 돌아가려던 호종단을 한라산 신령이 막아 낸 곳이라는 뜻으로 이곳을 막을 차(遮), 돌아갈 기(歸), 섬 도(島) 자를 써서 '차귀도'라고 부르게 됐어요.

 제주도

제주

설문대 할망이 만든 섬

○ 삼다도 제주

제주는 '삼다도(三多島)'라고도 불려요. 돌과 바람과 여자가 많은 섬이라는 뜻이에요. 제주도에는 화산 활동으로 생긴 현무암이 많아서 어디를 가나 돌하르방을 볼 수 있어요. 또 바람이 많이 불어서 집의 지붕을 새끼줄로 묶어 놓지요. 그리고 바닷속에서 해산물을 따는 전문 여성 잠수부인 해녀가 많이 활동해요.

아주 먼 옛날 하늘에 옥황상제의 딸인 설문대 할망이 살았어요. 설문대 할망은 몸집이 매우 컸지요. 어느 날, 하늘에서만 지내던 설문대 할망은 하늘 아래 세상이 궁금해 땅으로 내려왔어요.

설문대 할망은 제일 먼저 남쪽 바다에 땅을 만들었어요. 치마에 흙을 여러 번 담아 와서 제주도와 한라산을 만들었어요. 흙을 퍼 나르다 보니 치마가 조금씩 찢기고 구멍이 났어요. 그 구멍 사이로 흙이 새어 360여 개의 오름(작은 화산)이 됐다고 해요.

몸집이 큰 설문대 할망은 큼직한 속치마가 필요했어요. 그래서 사람들에게 명주로 속치마를 만들어 달라고 했어요.

"나한테 속치마를 만들어 주면 육지와 제주도를 잇는 다리를 만들어 주겠네."

섬에서 육지까지 나가기 힘들었던 사람들은 그 말을 듣고 무척 기뻐했어요. 육지와 제주도를 잇는 다리가 생긴다면 파도가 거친 바다에 배를 띄우지 않아도 되고, 필요한 물건도 쉽게 구할 수 있기 때문이에요.

제주도 사람들은 설문대 할망이 입을 속치마를 만들기 위해 열심히 명주를 모았어요. 그런데 명주가 아주 조금 모자라는 바람에 속치마를 만들 수 없었어요. 그러자 실망한 설문대 할망이 다리 만들기를 포기하여 제주도는 육지와 연결되지 못하고 섬으로 남았다는 전설이 내려와요.

제주도의 옛 이름은 '탐라'였어요. '깊고 먼 바다의 섬나라'라는 뜻이에요. 지금의 제주(건널 濟, 고을 州)라는 지명은 고려 고종 때부터 썼어요. 바다를 건너가는 고을이라는 뜻이지요.

제주도 제주시 한라산

백록담

선녀에게 마음을 빼앗긴 흰 사슴이 슬피 울던 호수

- **백록담**

백록담은 제주도 한라산 꼭대기에 있는 아주 큰 화산 호수로, 남한에서 가장 높은 곳에 있는 호수예요. 화산 활동으로 만들어진 백록담은 천연기념물로 보호받고 있으며, 백록담을 품은 한라산은 국립 공원으로 지정되어 있답니다.

예부터 한라산에는 신선들이 산다는 전설이 있어요.

일 년 중 가장 더운 날이 되면 해마다 선녀들이 하늘에서 내려와 한라산 꼭대기에 있는 호수에서 목욕하며 놀았어요. 그날에 한라산 신선들은 아래 계곡으로 자리를 비켜 주고는 선녀들이 다시 하늘로 올라갈 때까지 기다리곤 했지요.

그러던 어느 해, 선녀들이 호수에 내려왔을 때 한 신선이 미처 계곡으로 내려가지를 못했어요.

"어이쿠, 이를 어쩌나. 선녀들을 보게 되면 옥황상제님께서 불호령을 내리실 텐데……."

신선은 얼른 바위 뒤로 몸을 숨겼어요. 그런데 호기심이 생긴 신선은 슬며시 고개를 들어 선녀들이 목욕하는 모습을 훔쳐보고 말았지요. 이때 한 선녀가 바위 뒤에 숨어 있던 신선을 발견하고 비명을 질렀어요. 신선은 놀라서 정신없이 도망갔고, 그 사이에 선녀들은 허겁지겁 옷을 입고 하늘로 올라가 옥황상제에게 알렸어요.

"옥황상제님, 웬 신선 하나가 한라산에서 저희가 목욕하는 모습을 훔쳐보고는……. 흑흑."

그러자 화가 난 옥황상제는 선녀들을 훔쳐본 신선을 흰 사슴으로 만들어 버렸답니다.

흰 사슴은 다른 사슴들과 잘 어울리지 못하고 외롭게 지냈어요. 흰 사슴이 된 신선은 한라산 꼭대기에 있는 호수에 나타나 몹시 슬피 울었어요. 흰 사슴이 나타나 울었다고 해서 이 호수 이름을 흰 백(白), 사슴 록(鹿), 못 담(潭) 자를 써서 '백록담'이라고 했어요.

유럽

제우스가 사랑한 에우로페에게서 유래한 이름

- **유럽 연합(EU)**

  유럽 연합은 유럽 여러 나라들이 경제, 정치, 문화 등 모든 방면에서 협력하고 서로 도와주기 위해 만든 조직이에요. 유럽 연합에 속한 나라끼리는 자유롭게 여행할 수 있고, 같은 화폐로 상품을 사고팔 수 있어요.

그리스·로마 신화에 나오는 이야기예요. 옛날 시리아 중부에 페니키아라는 나라가 있었어요. 페니키아의 왕에게는 에우로페라는 공주가 있었어요. 왕은 사랑스러운 딸을 누가 몰래 데려갈까 봐 늘 감시했어요.

어느 화창한 날, 에우로페는 친구들과 바닷가에서 놀다가 눈처럼 하얗고 늠름한 자태를 뽐내는 흰 소를 발견했어요.

"어머, 얘들아. 저기 흰 소 좀 봐. 아주 멋지게 생겼어."

에우로페는 흰 소에게 가까이 다가가 몸을 쓰다듬었어요. 그러자 흰 소는 기쁜 표정으로 공주의 손등에 부드럽게 입을 맞추고 자기 등에 올라타라는 듯 무릎을 꿇었어요. 에우로페가 올라타자 흰 소는 기다렸다는 듯이 재빨리 바다로 달려 나갔어요.

사실 그 하얀 소는 에우로페를 보고 첫눈에 반한 신들의 왕 제우스였어요. 에우로페에게 몰래 다가가려고 흰 소로 변신한 거였지요.

"살려 주세요! 살려 주세요!"

깜짝 놀란 에우로페가 흰 소의 등에서 내리려고 했을 때는 이미 바다 한가운데까지 나온 뒤였어요. 흰 소는 어느새 그리스에 있는 크레타섬까지 헤엄쳐 갔어요. 섬에 도착하자 흰 소는 본래 모습인 제우스로 돌아왔어요. 제우스는 에우로페에게 청혼했고, 둘은 결혼하여 아이를 셋이나 낳았답니다.

<u>사람들은 제우스가 흰 소로 변해 공주를 등에 태우고 지나간 지역에 있는 나라들을 통틀어 '유럽'이라고 일컬었어요. 에우로페(Europe) 공주의 이름을 따서 유럽(Europe)이라고 한 거예요.</u>

아메리카

신대륙 탐험가의 이름을 딴 곳

○ **아메리카**

아메리카는 좁은 의미로는 아메리카 합중국, 즉 미국을 뜻하지만 크게는 남북아메리카 대륙 전체를 가리켜요. 그래서 아메리카 대륙이라고 하면 남북아메리카 전체를, 아메리카라고 하면 미국을 가리킨다고 할 수 있어요.

탐험가 크리스토퍼 콜럼버스는 스페인 왕실의 후원을 받아 인도를 향해 바다를 건너고 있었어요. 유럽에서는 향신료가 인기 높았는데, 향신료가 많이 나는 인도를 찾아가 직접 무역을 하려 했어요.

긴 항해에 지쳤을 무렵, 콜럼버스는 어느 대륙에 닿았어요. 육지에 내린 콜럼버스는 원주민의 피부색이 자기와 다른 것을 보고 그곳이 인도라고 믿었어요.

"드디어 인도를 찾았다! 무사히 도착했군."

콜럼버스는 원주민들을 인도 사람이라는 뜻의 인디언이라고 부르며 인도를 찾은 기쁨에 들떴어요. 항해를 마치고 스페인에 돌아가서도 콜럼버스는 인도에 다녀왔다고 여겼어요. 죽는 날까지도 자기가 다녀온 곳이 어디인지 전혀 몰랐답니다.

그런데 콜럼버스가 발을 디딘 그곳은 인도가 아니라 신대륙이었어요. 이 사실을 안 사람은 신대륙을 탐험한 이탈리아의 항해사 아메리고 베스푸치예요.

베스푸치는 처음 보는 낯선 곳을 호기심에 가득 찬 눈으로 관찰했어요. 그곳 사람들의 생활은 물론 동식물에 관한 정보와 지리적 위치 등을 꼼꼼히 기록해 『신세계』라는 책을 냈지요.

그 후, 독일의 지리학자 마르틴 발트제뮐러는 『신세계』를 읽은 뒤 자신의 책에 신대륙의 지명을 '아메리카'라고 썼답니다. 신대륙에 관해 책을 쓴 아메리고 베스푸치의 이름을 기념해서 만든 지명이에요. 그 뒤로 사람들은 이 대륙을 '아메리카'라고 불렀어요.

◉ 아메리카 대륙과 유럽 사이

대서양
돌이 된 아틀라스에게서 유래한 바다

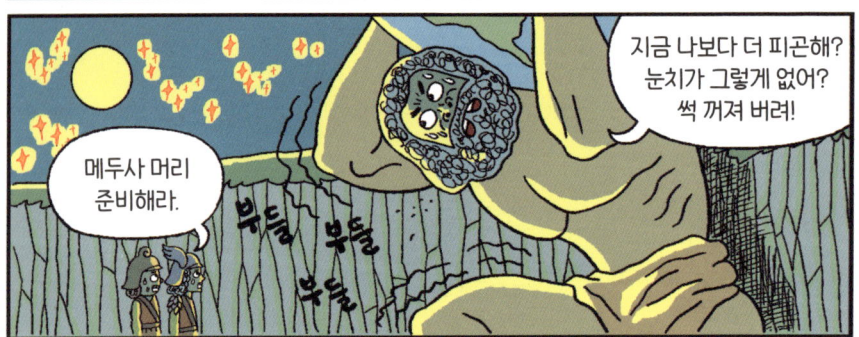

○ **세계 3대양**

세계 3대양은 태평양, 대서양, 인도양이에요. '태평양'은 가장 크고 깊은 바다로 아시아, 아메리카, 오세아니아를 둘러싸고 있어요. '대서양'은 유럽, 아프리카, 아메리카를 잇는 바다로, 무역과 교류에 중요한 역할을 했어요. '인도양'은 아프리카, 아시아, 오세아니아를 연결하는 따뜻한 바다예요.

페르세우스는 그리스·로마 신화에 등장하는 유명한 영웅이에요. 페르세우스는 뱀으로 된 머리카락에 날카로운 이빨을 가진 괴물 메두사의 목을 베어 왕에게 가져가려 했어요. 메두사의 눈에는 사람을 한번 쳐다보기만 해도 돌로 만들어 버리는 힘이 있었어요.

여러 신의 도움을 받아 가까스로 메두사의 목을 벤 페르세우스는 다시 고향으로 향했어요. 돌아가는 길에 페르세우스는 힘들게 하늘을 떠받치고 있는 티탄 아틀라스를 만났어요.

먼 옛날 티탄이라는 거인족은 제우스와 전쟁을 벌였다가 졌어요. 제우스는 신에게 대든 죗값으로 티탄에게 여러 벌을 내렸는데, 그중 티탄 아틀라스는 지구가 흔들리지 않게 하늘을 떠받치는 벌을 받고 있었던 거예요.

메두사와 싸우느라 몹시 피곤했던 페르세우스가 아틀라스에게 물었어요.

"몸도 피곤하고 밤도 늦었으니 하룻밤만 자고 가도 되겠소?"

"나는 당신을 재워 줄 수가 없소. 그냥 가시오!"

아틀라스는 페르세우스의 부탁을 거절하며 쫓아내려 했어요. 페르세우스는 화가 났지만 태연한 척 고개를 돌렸어요. 그러고는 메두사의 머리를 꺼내 아틀라스 쪽으로 내밀었지요. 아틀라스는 메두사의 머리를 보는 순간 그대로 돌로 변해 버렸답니다.

커다란 바위산이 된 아틀라스가 오늘날의 아틀라스산맥이라고 해요. 그리고 그 앞에 펼쳐진 넓디넓은 바다가 '아틀라스의 바다'라는 뜻이 담긴 애블랜틱 오션(Atlantic Ocean), 즉 '대서양'이에요.

📍 아시아와 아메리카 대륙 사이

태평양
고요하고 태평스러운 바다

● **태평양을 처음 발견한 사람**

태평양이라는 이름은 포르투갈의 탐험가 마젤란이 지었지만, 유럽인으로 태평양을 처음 발견한 사람은 스페인의 탐험가 바스코 누녜스 데 발보아예요. 그는 마젤란보다 8년 앞서 태평양을 항해했는데, 태평양을 조그마한 바다라고 생각했다고 해요.

마젤란은 포르투갈 출신의 탐험가예요. 그는 스페인 국왕의 후원을 받아 새로운 바닷길을 개척하기 위해 언제 끝날지 알 수 없는 탐험에 나섰어요.

마젤란이 탄 배는 대서양을 지나 남아메리카 연안을 따라 계속 내려갔어요. 마젤란의 눈에는 가도 가도 끝없이 펼쳐진 드넓은 바다만 보였어요.

마젤란은 밤이 되면 갑판 위로 올라가곤 했어요. 구름 한 점 없는 밤하늘에 별이 쏟아질 듯했지요. 멋진 항해처럼 보이지만 사실 괴로운 나날이었어요. 시간이 많이 흐르자 음식이 상하고 마실 물이 부족했어요. 선원들은 질병으로 고생했고요.

마젤란은 황금이 많이 묻혀 있다는 인도가 나타나기를 바라면서 고생스러운 항해를 이어 갔어요. 그러나 육지가 전혀 보이지 않자 실망에 빠졌어요.

"도대체 이 바다는 무슨 바다이기에 이렇게 조용하고 끝이 없지?"

마젤란은 파도 소리조차 들리지 않는 조용하고 태평한 바다에 이름을 지어 줘야겠다고 생각했어요. 그래서 조용하고 평화로워 보이는 바다에 걸맞게 이름을 '태평양'이라고 지었어요. 태평양은 영어로 퍼시픽 오션(Pacific Ocean)이에요. 퍼시픽은 평화롭다는 뜻이고, 오션은 큰 바다를 가리켜요.

태평양이 어디나 잔잔한 것은 아니에요. 만약 마젤란이 고요한 적도 바다가 아니라 오호츠크해 근처의 험한 바다를 지나갔더라면 태평양이 아닌 '폭풍의 바다'라고 이름 지었을지도 몰라요.

런던
로마 제국의 요새였던 곳

영국

● **도시와 강**

강이 있으면 농사짓기 좋고 배가 드나들기도 쉬워, 예부터 강 주변에는 큰 도시가 많이 발달했어요. 예를 들어 런던은 템스강, 파리는 센강, 콜카타는 갠지스강, 상하이는 양쯔강, 서울은 한강을 중심으로 세워졌어요.

약 2천 년 전, 로마의 장군 율리우스 카이사르가 군대를 이끌고 영국에 쳐들어갔어요. 영국의 템스강은 일찍이 천연의 요새 역할을 해 왔지만, 막강한 로마군의 공격은 막아 내지 못했어요.

스코틀랜드를 제외한 잉글랜드 땅을 전부 손에 넣은 로마 제국은 템스강 변에 딘이라는 방벽을 쌓아 요새를 만들었어요. 그것을 '론디니움(Londinium)'이라고 해요.

론디니움은 켈트어로 '호수의 도시'를 뜻하는 린딘(Llyn Din)에서 유래한 이름이에요. 여기에서 호수는 템스강 하류를 가리켜요. 이 론디니움을 영어로 고쳐 쓰면서 '런던'이 되었지요. 사람들이 모여들면서 런던은 도시 규모가 점점 커졌어요.

로마인들은 영국을 차지했지만 영국 전체를 지배하기는 어려웠어요. 지방에 사는 영국 부족들이 아주 거세게 저항했거든요. 그러다 로마 제국이 서서히 무너지자 로마 군대도 런던에서 물러났어요.

로마군이 철수하면서 런던은 유럽의 색슨족에게 넘어갔어요. 그리고 얼마 뒤, 런던은 유럽에서 중요한 교역의 중심지로 발전했어요. 12세기 무렵에는 유럽 도시 가운데 가장 큰 도시로 성장했지요.

로마 제국의 작은 요새로 시작된 런던은 현재 영국의 수도이자 세계 주요 도시 가운데 하나가 되었답니다.

 이탈리아

로마

늑대 젖을 먹고 자란 로물루스의 이름을 딴 도시

● 로마의 상징 늑대

테베레강에 버려진 쌍둥이를 늑대가 발견하고 동굴로 데려가 늑대 젖을 먹이며 돌봤다는 이야기는 아주 유명한 건국 신화예요. 그래서 늑대는 로마의 상징으로 여겨지기도 해요.

고대 이탈리아의 작은 도시에 누미토르 왕이 있었어요. 그런데 동생 아물리우스가 형을 몰아내고 자기가 왕위에 올랐어요.

그러던 어느 날, 형의 딸 실비아가 쌍둥이 형제를 낳자 아물리우스 왕은 쌍둥이가 자신의 자리를 위협할까 봐 쌍둥이를 죽이려 했어요. 이 사실을 안 실비아는 쌍둥이를 포대기에 싸서 작은 배에 실어 테베레강에 떠내려 보냈어요.

그런데 마침 테베레강을 어슬렁거리던 늑대들이 버려진 쌍둥이를 데려가 늑대 젖을 먹이며 돌보았어요. 며칠 뒤, 근처를 지나가던 양치기가 쌍둥이를 발견하고 집으로 데려와 친자식처럼 키웠어요. 쌍둥이 형제의 이름은 로물루스와 레무스라고 지었지요.

형제는 자라서 자기들이 버려진 이유를 알게 되고, 테베레강 변의 언덕에 새로운 도시를 세우기로 했어요.

강변에는 팔라티노와 아벤티노라는 두 언덕이 있었어요. 형 로물루스는 팔라티노 언덕에, 동생 레무스는 아벤티노 언덕에 도시를 세워야 한다고 주장했어요. 그래서 형제는 내기에 이긴 사람의 의견을 따르기로 했는데, 로물루스가 내기에 이겨 팔라티노에 도시를 세우게 됐어요. 그러나 레무스는 여전히 못마땅해서 성곽을 발로 차며 화를 냈어요. 그 모습을 보고 로물루스는 벼락같이 화를 냈어요.

"성스러운 곳을 감히 발로 차다니!"

화가 머리끝까지 치민 로물루스는 그만 동생을 죽이고 말았어요.

그 후 로물루스는 자기 이름을 따서 도시 이름을 '로마'라 짓고 왕이 되어 나라의 기틀을 세웠어요.

마드리드

곰이 아주 많은 도시

- **마드리드의 상징**

마드리드의 상징은 마드로뇨와 곰이에요. 마드리드 마을이 세워질 즈음에 야생 복숭아의 일종인 마드로뇨 열매를 따 먹는 곰이 많았다고 해요. 그래서 마드로뇨와 곰이 마드리드의 상징이 되었답니다.

옛날에 스페인 마드리드에는 곰이 아주 많았어요. 마드리드에 도시를 건설하려고 모여든 사람들은 곰이 자주 나타나자 몹시 불안했어요. 곰은 힘이 아주 세기 때문에, 앞발로 사람을 한번 툭 치기라도 하면 공중에 붕 떠서 저 멀리 내동댕이쳐질 정도예요.

하루는 동네 어린아이들이 모여 놀고 있을 때 집채만큼 커다란 곰이 나타났어요.

"엄마야, 곰이 나타났다! 빨리 도망가자!"

아이들이 곰을 보고 놀라 도망치자 곰은 아이들을 뒤쫓았어요. 두 발로 도망치는 아이들보다 네 발로 달려가는 곰이 조금 더 빨랐어요. 곰은 아이들 중에서도 몸집이 가장 작은 한 소년을 쫓았어요.

이때 그 소년의 눈앞에 높다란 앵두나무가 보였어요. 소년은 얼른 앵두나무 위로 올라갔어요.

소년의 엄마는 아들이 곰에게 쫓기고 있다는 말을 전해 듣고 소스라치게 놀라며 앵두나무가 있는 곳으로 달려왔어요. 엄마는 소년을 구하려고 곰에게 다가가려 했지요.

그러자 소년이 엄마에게 황급히 소리쳤어요.

"엄마, 곰은 나무에 못 올라와. 난 괜찮으니까 그냥 도망가!"

'엄마, 도망가!'라는 말을 스페인어로 하면 '마드레, 이드!(¡Madre, id!)'예요. 소년이 엄마에게 이렇게 외친 데서 도시 이름이 '마드리드'라고 붙었다고 하니, 참 재미있는 유래죠?

아테네

지혜의 여신 아테나의 이름을 딴 도시

○ 지혜와 전쟁의 여신 아테나

고대 그리스 신화에 나오는 아테나 여신은 지혜와 전쟁의 여신이에요. 전쟁에서 지혜롭게 싸우는 방법을 그리스 사람들에게 가르쳤지요. 또한 아버지인 제우스의 머리에서 태어나 매우 똑똑했어요. 아테네 여신은 그리스 사람들이 무척 좋아하는 신 중 한 명이랍니다.

지혜와 전쟁의 여신 아테나는 올림포스산에서 그리스 땅을 내려다보다가 아름답고 작은 도시를 발견했어요. 아테나는 이 도시가 아주 마음에 들어 자신의 도시로 삼고 싶었지요. 그런데 바다의 신 포세이돈도 아테나와 같은 생각을 하고 있었어요. 아테나와 포세이돈은 도시 하나를 두고 싸우기 시작했어요.

제우스의 형제인 포세이돈과 제우스의 딸인 아테나의 싸움은 쉽게 끝나지 않았어요. 둘의 싸움을 지켜보던 제우스는 어찌해야 할지 몰랐어요. 그래서 제우스는 두 신을 데리고 땅으로 내려가 도시의 왕에게 물었어요.

"두 신이 이 도시를 서로 갖겠다고 하는데, 어떡하면 좋겠소?"

"우리 인간들에게 가장 필요한 선물을 주는 신에게 이 도시를 바치겠습니다."

아테나와 포세이돈은 인간에게 가장 필요한 게 뭔지 고민했어요. 그러다 포세이돈은 끝이 세 갈래로 갈라진 삼지창으로 땅을 쳐서 샘물이 솟아나게 하여 샘터를 만들어 주었어요. 아테나는 창으로 대지를 뚫어 열매가 있는 올리브나무를 만들어 주었고요.

그런데 포세이돈이 선물로 만들어 준 샘에서는 짠물이 솟아 사람들이 마실 수 없었어요. 하지만 아테나가 선물한 올리브나무는 거친 땅에서도 일 년 내내 잘 자라 푸른 열매와 기름을 얻을 수 있었지요. 왕은 샘터보다 올리브나무가 인간들에게 더 유익하다고 판단했고, 제우스는 도시를 아테나 여신에게 주었어요. 그 뒤로 이 도시를 아테나 여신의 이름을 따서 '아테네'라고 일컬었답니다.

미국

뉴욕
빼앗고 빼앗기던 역사를 지닌 땅

● 미국의 독립기념일

1776년 7월 4일, 미국은 영국에서 독립하겠다고 선언했어요. 미국의 13개 식민지가 영국의 지배를 벗어나 독립적인 국가로서 자립하기 위해 독립 선언서를 발표했답니다. 미국은 이날을 독립일로 정하여 기념하고 있어요.

네덜란드는 17세기 초에 스페인의 지배에서 벗어났어요. 그러고는 동인도 회사라는 무역 회사를 차려 세계에서 제일가는 해상 무역 국가로 성장했어요.

동인도 회사는 무역 사업을 위해 영국의 탐험가 헨리 허드슨에게 새로운 바닷길을 개척하는 임무를 맡겼어요. 허드슨은 북아메리카의 동쪽 바닷가에 도착해 강 하나를 발견하고 자기 이름을 따서 허드슨강이라고 이름 붙였지요.

허드슨은 허드슨강 어귀에 자리한 넓은 땅을 발견했다고 네덜란드에 알렸어요. 그곳은 오래전부터 인디언들이 대대로 살아온 땅이었어요. 그러나 네덜란드인들이 들어와 살면서 그곳을 네덜란드의 수도인 암스테르담에서 따와 '뉴암스테르담'이라고 불렀어요.

거의 비슷한 시기에 영국도 북아메리카로 식민지를 넓혀 갔어요. 영국의 식민지는 엄청나게 넓어서 영국은 '해가 지지 않는 나라'라고 불릴 정도였지요. 영국은 무역으로 꾸준히 성장하는 네덜란드를 막으려 했어요.

그리하여 영국과 네덜란드는 전쟁을 벌였는데, 영국이 이기면서 뉴암스테르담은 영국 손으로 들어갔어요.

그 뒤로 이곳은 당시 영국 왕 찰스 2세의 동생인 요크 공의 이름을 따서 '뉴욕(New York)'으로 이름이 바뀌고 영국의 식민지가 됐어요. 나중에 영국에서 독립한 미국은 뉴욕을 최초의 수도로 정하기도 했답니다.

로스앤젤레스

천사들의 도시

● 로스앤젤레스

로스앤젤레스는 미국에서 두 번째로 인구가 많은 도시예요. 석유 공업과 영화 산업으로 크게 발전했으며 휴양지로도 유명해요. 특히 영화 산업의 중심지인 할리우드가 있어 유명 배우와 감독들이 많이 활동하는 곳이에요.

지금의 미국 로스앤젤레스 자리에는 본래 아메리칸 인디언 통바족의 마을이 있었어요. 1769년에 이곳에 온 스페인의 군대는 여기가 쾌적하고 살기 좋은 땅이라고 스페인 왕실에 보고했어요. 그리하여 이곳은 스페인 식민지가 되어 스페인 총독의 지배를 받았어요.

스페인 총독은 멕시코에 군대를 보내 이곳으로 오고 싶어 하는 사람들을 모았어요. 그 무렵에는 멕시코도 스페인의 식민지였거든요.

"여기로 이사 오는 사람에게는 돈과 가축과 자유를 주겠소!"

그러자 많은 멕시코 사람들이 이곳으로 와서 인디언을 내쫓고 마을을 만들었어요. 멕시코 사람들은 농사도 짓고 가축도 키우며 잘 정착해 살았어요.

이곳이 '로스앤젤레스'라고 불리게 된 계기는 1779년에 멕시코의 신부가 이 땅으로 들어와 마을을 만들면서부터예요. 그때 마을 이름을 스페인어로 '천사 중의 여왕 성모 마리아의 마을(El Pueblo de Nuestra Señora la Reina de los Ángeles del Rio Porciúncula)'이라고 했거든요. 천사들이 모여 사는 곳을 뜻하는데, 이름이 너무 길어서 짧게 '로스앤젤레스'라고 했어요. 더 줄여서 '엘에이(LA)'라고도 하지요. 스페인어로 로스앤젤레스는 '천사들'이라는 뜻이에요.

1821년에 스페인에서 독립한 멕시코는 로스앤젤레스를 멕시코 영토로 삼았어요. 그러다가 멕시코가 미국과 전쟁을 벌인 결과로 로스앤젤레스를 미국에 넘겨주면서 미국 땅이 되었지요.

미국

워싱턴 D.C.

미국의 초대 대통령 조지 워싱턴을 기념한 수도

- **미국의 50개 주**

  미국이 영국에서 독립할 때 13개 주로 시작한 미국의 영토는 그 뒤로 점점 넓어져 지금은 50개 주가 되었어요. 미국 국기인 성조기에 그려진 별의 개수도 50개 주를 뜻하는 50개랍니다.

아주 오래전에 미국은 영국의 식민지였어요. 미국은 영국에서 독립하기 위해 8년 동안 전쟁을 했는데, 이 독립 전쟁을 이끈 사람이 바로 조지 워싱턴 장군이었어요. 전쟁 경험이 많은 조지 워싱턴이 전쟁을 승리로 이끈 덕분에 미국은 영국에서 독립할 수 있었어요.

미국은 식민지였던 13개 주를 모아 한 나라로 만들고, 독립 전쟁을 이끈 조지 워싱턴을 미국의 첫 번째 대통령으로 뽑았어요. 그다음에는 수도를 정해야 했지요.

"미국의 수도는 지금처럼 뉴욕으로 하는 게 좋습니다."

"무슨 소리! 뉴욕보다는 메릴랜드가 낫소."

"어허! 우리 버지니아주를 빼놓으면 섭섭하지요."

13개 주는 저마다 자기 지역에서 조금이라도 가까운 곳에 수도를 두고 싶었어요. 수도 때문에 13개 주가 서로 다투자 조지 워싱턴은 결단을 내렸어요.

"좋소! 13개 주의 딱 중간, 그곳을 미국의 새 수도로 정하겠소."

그렇게 해서 메릴랜드주와 버지니아주 사이의 지역이 미국의 새로운 수도가 되었어요. 사람들은 미국을 위해 많은 일을 하고 훌륭한 대통령으로 인정받은 조지 워싱턴의 이름을 따서 수도를 워싱턴이라 부르기로 했어요.

워싱턴의 정식 명칭은 워싱턴 D.C.예요. 워싱턴 D.C.는 워싱턴 컬럼비아 특별구(Washington District of Columbia)라는 뜻이에요. 초대 대통령 조지 워싱턴의 이름과 아메리카 발견에 성공한 콜럼버스의 이름을 따서 워싱턴 D.C.라고 지었지요.

📍 북아메리카

그린란드
초록의 땅이 되길 바라는 소망이 깃든 곳

- **그린란드**

그린란드는 세계에서 가장 큰 섬으로 북극 근처에 있어요. 대부분의 지역이 얼음으로 덮여 있어 매우 추운 곳이죠. 여름에는 잠깐 따뜻해지지만 겨울에는 해가 거의 뜨지 않아요. 특히 그린란드 북쪽은 '극야'라고 해서 몇 달 동안 해가 뜨지 않는 곳이랍니다.

982년, 아이슬란드에서 살던 에이리크는 실수로 사람을 죽였어요. 나라 밖으로 쫓겨날 위기에 놓인 에이리크는 궁리 끝에 서쪽으로 가서 새로 정착할 땅을 찾기로 마음먹었어요.

에이리크는 배 한 척을 얻어 바다로 나섰어요. 가도 가도 끝없는 바다를 지나자 저 멀리 육지에 초록빛을 띤 풀들이 보였어요.

"풀이 있으니 가축도 키울 수 있겠구나!"

에이리크는 새로운 땅을 찾았다는 기쁨을 안고 주위를 둘러보았어요. 그런데 여기저기 더 살펴본 결과, 초원이 있는 곳은 아주 조금뿐이었고 땅 대부분이 얼음으로 덮여 있었어요.

에이리크는 고민에 빠졌어요.

"아이슬란드처럼 아이스(얼음)라는 말이 들어가면 추운 곳이라고 생각해 사람들이 와서 살지 않을 거야. 땅 이름을 잘 지어야 사람들이 희망을 품고 찾아올 텐데……."

에이리크는 궁리 끝에 초록 풀을 발견했던 처음을 떠올리며 '그린란드(Greenland)'라고 이름을 지었어요. 그리고 아이슬란드로 가서 새로운 땅 그린란드를 널리 알렸어요.

'초록의 섬'이라는 뜻을 지닌 그린란드는 이처럼 에이리크가 새로운 땅에 많은 사람들이 들어와 살기를 바라는 마음으로 붙인 이름이에요.

에이리크의 계획은 성공적이었어요. 사람들은 그린란드라는 이름을 듣고 푸른 초원을 떠올리며 살기 좋은 곳이라고 상상했거든요. 그래서 사람들이 그린란드로 많이 건너와 열심히 땅을 일구며 자리를 잡았답니다.

아마존강

여전사족 아마조네스에서 유래한 강

- **아마조네스**

'가슴 없는 여자'라는 뜻이에요. 그리스 신화를 보면, 여전사들이 활을 쏘고 사냥을 하는 데 가슴이 거추장스러웠기 때문에 자기 가슴을 잘라 냈다고 해요.

곤살로 피사로는 16세기 스페인의 탐험가예요. 그는 황금이 널려 있다는 전설의 땅 엘도라도(스페인어로 '황금의 도시')를 찾기 위해 모험을 떠났어요. 이때 오레야나라는 군인도 함께 가기로 했는데, 피사로가 조금 먼저 출발했어요.

"가자! 황금의 도시 엘도라도를 찾으러!"

  피사로 일행은 황금을 손에 쥘 수 있다는 부푼 꿈을 안고 출발했어요.

  그러나 남아메리카를 흐르는 큰 강 상류에 도착했을 때, 어디서 날카로운 독화살이 바람처럼 날아왔어요. 그 지역 원주민들이 쏜 독화살에 맞아 병사들은 대부분 그 자리에서 죽고 말았어요. 살아남은 사람들도 밀림 속을 이리저리 헤매며 생명의 위협을 받았지요.

  뒤늦게 도착한 오레야나는 원주민들에게 공격당한 피사로의 모습을 본 뒤 직접 배를 타고 주변을 둘러보기로 했어요. 오레야나는 강을 내려가다가 용맹스러운 여전사 부족을 만났어요. 그들은 마치 그리스 신화에 나오는 여전사족 아마조네스처럼 용감하고 두려움이 없어 보였어요.

  오레야나가 여전사 부족이 사는 마을을 아마조니아라고 부르면서 그곳 지명은 '아마존'이 됐어요. 그리고 아마존 일대를 흐르는 세계 최대의 강을 '아마존강'이라고 일컬었지요.

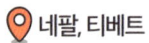 네팔, 티베트

에베레스트
가장 높은 산의 대명사

최악의 눈보라야. 여기에 매달려 있다가 잠잠해지면 가야겠어.

이 추위에 잠들면 큰일인데…. 아무 이야기나 해 봐.

자네, 에베레스트를 최초로 정복하면 어떤 기분일 것 같나?

에베레스트라니? 초모랑마지.

그건 옛날 이름이고.

에베레스트는 너희가 억지로 지은 거잖아.

이 사람이 보자 보자 하니까. 콱!

등반하다 인상 쓰면 어쩔 건데? 콱!

○ 에베레스트

에베레스트는 히말라야산맥에서 가장 높은 산으로, 네팔과 티베트 사이에 있어요. 산봉우리에는 항상 큰 빙하가 있으며, 눈사태가 자주 일어나 산을 오르기가 어려워요. 에베레스트를 오른 한국 산악인으로는 고상돈, 허영호, 엄홍길 등이 있어요.

인도, 네팔, 티베트 등에 걸쳐 있는 히말라야산맥은 아주 높고 험한 산들이 모여 있기로 유명해요. 1848년부터 측량 기사들이 산의 높이를 재기 시작하여, 1852년에 히말라야산맥의 여러 산봉우리 가운데 세계에서 가장 높은 곳을 발견했어요. 봉우리의 높이가 무려 8848미터나 되는 거대한 산이었지요.

그런데 가장 높은 이 산의 이름을 도무지 알 수 없었어요.

"가장 높은 산에 이름이 없으니, 원······. 뭐라고 부르면 좋지?"

산 이름을 고민하던 사람들은 인도 대륙을 측량할 때 활약한 영국인 조지 에버리스트의 이름을 따서 '에베레스트'라고 이름 지었어요. 그 무렵에 인도가 영국의 식민지였기 때문에 영국 사람들이 멋대로 산 이름을 지은 거예요.

당시 세계 지리학계의 원칙에 따르면 산 이름에는 사람 이름을 붙일 수 없었고, 지명은 현지에서 부르는 대로 해야 했어요. 당시 영국이 세계 지리학계의 원칙을 모른 탓에 지명에 사람 이름을 붙였는지는 알 수 없지만, 그 산은 지금까지 에베레스트라고 불려요.

그러나 오래전부터 티베트에서는 에베레스트를 '초모랑마'라고 불렀다고 해요. 초모는 '여신, 여주인'을 뜻하고 랑마는 '산골짜기, 지역'을 뜻하니, 초모랑마는 '대지의 여신'이라는 뜻이지요. 티베트 사람들도 이 산이 세계에서 가장 높다는 사실을 벌써 알고 있었던 거예요.

네팔 사람들은 에베레스트를 '사가르마타'라고 부르는데, 뜻은 초모랑마와 같다고 해요.

베트남

하롱베이
하늘에서 내려온 용이 지킨 도시

○ **하롱베이**

하롱베이에는 기묘하게 생긴 바위섬들이 조각품처럼 늘어서 있어 장관을 이루어요. 보는 사람의 위치라든가 태양의 위치, 날씨에 따라 다른 느낌을 주기 때문에 신이 내린 걸작이라는 말을 들을 정도예요. 하롱베이는 1994년에 유네스코 세계 자연 유산으로 지정됐어요.

아주 먼 옛날, 중국이 베트남에 쳐들어간 적이 있어요. 베트남은 중국과 국경을 마주하고 있어서 쉽게 침입당할 수 있는 처지였어요. 수많은 중국 병사들이 국경을 넘어 공격해 오자 베트남 사람들은 어쩔 줄을 몰랐어요.

"이를 어쩌면 좋단 말인가. 우리 베트남이 이대로 외적의 손에 넘어가겠구나."

그때였어요.

"아니, 저게 뭐지? 어서 피해!"

하늘에서 용 한 마리가 땅으로 내려오더니 거대한 꼬리를 흔들며 계곡과 땅을 파헤쳤어요. 그러자 돌덩어리와 흙더미가 날아가서 중국 병사들을 쓰러뜨렸어요. 용은 입에 문 여의주를 쏘아 적을 물리치며 이곳을 지켰어요.

그 뒤로 하늘에서 내려온 용이 외적을 물리쳤다고 해서 이곳을 '하롱베이'라고 일컬었어요. 하롱베이의 '하(下)'는 '내려오다'라는 뜻이고, '롱(龍)'은 '용'이라는 뜻이에요. 베이(Bay)는 바다가 육지 쪽으로 파고들어 와 있는 만을 가리키는 말이에요. 따라서 하롱베이는 하늘에서 내려온 용이 지킨 바다라는 뜻이지요.

하롱베이에는 크고 작은 섬 3천여 개가 있는데, 하늘에서 용이 뿜어낸 3천여 개의 보석이 갖가지 모양의 섬으로 변한 거라는 전설이 내려와요.

 아시아

필리핀
스페인 황태자의 이름을 따온 곳

필리핀의 독립

스페인의 식민지였던 필리핀은 19세기 말에 스페인이 미국과 벌인 전쟁에서 지면서 미국의 지배를 받게 되었어요. 그러다 일본이 침략하여 일본의 식민지가 되었고, 제2차 세계 대전이 끝난 뒤인 1946년에야 비로소 독립했어요.

"대체 어떻게 이런 음식 맛을 낼 수 있죠? 아주 독특한데요?"

"아시아라는 곳에서 나는 향신료를 넣었거든요. 아주 비싼 값을 주고 샀어요."

오래전 유럽에서는 아시아의 향신료를 넣어 만든 음식이 색도 다양하고 향기도 좋아서 인기가 많았어요. 값비싼 향신료를 가져다 팔면 큰돈을 벌 수 있었으므로, 포르투갈과 스페인은 아시아의 향신료를 얻으려고 새로운 바닷길을 개척하기 시작했어요.

포르투갈 출신의 탐험가 마젤란은 스페인 왕의 후원을 받아 아시아의 향신료를 찾으러 떠났어요. 다섯 척의 배로 항해를 시작했는데, 거친 파도와 바람에 두 척이 뒤집히고 세 척만 남았어요. 마젤란 일행은 간신히 어느 섬에 닿았어요.

섬에 도착한 마젤란은 원주민들에게서 식량을 얻고 섬에 관한 정보도 얻었어요. 마젤란과 원주민은 처음에는 사이가 좋았어요. 그런데 마젤란 일행이 차츰 원주민을 무시하며 그 사람들 것을 빼앗으려 하자 싸움이 일어났어요. 이 싸움에서 마젤란은 목숨을 잃었어요.

마젤란이 죽은 뒤, 스페인은 아시아의 무역 활동지로 이 섬이 적합하다고 판단해 이 섬을 식민지로 만들었어요. 16세기 중엽에 파견된 스페인의 탐험가 비야로보스는 이 섬 이름을 '필리핀'이라고 지었어요. 당시 스페인 황태자 펠리페의 이름을 딴 것으로, '펠리페 2세의 땅'이라는 뜻이었지요. 이 섬이 영원히 스페인의 땅이 되기를 바라는 헛된 수망에서 그렇게 지있을 거예요.

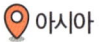

싱가포르

호랑이를 사자로 착각해 지은 이름

- **머라이언**

  머리는 사자이고 몸은 물고기 모양인 머라이언(Merlion) 조각상이 싱가포르의 유명한 상징이랍니다. 인어를 뜻하는 'mer', 사자를 뜻하는 'lion'이 합쳐진 단어예요. 머라이언 조각상은 싱가포르강 근처에 세워져 있어 관광객들이 많이 찾아요.

인도네시아 서쪽에 있는 수마트라섬의 왕자는 새로운 왕국 터를 찾기 위해 여행을 떠났어요. 왕자는 여기저기 여행하다가 어느 작은 마을에 도착해 낯선 동물을 발견했어요.

"아니, 저 동물은 도대체 뭐지? 여태껏 한 번도 본 적이 없는데."

"왕자님, 혹시 사자 아닐까요? 사자는 이빨이 날카롭고 몸집이 크다고 하니, 사자가 맞을 듯합니다."

왕자는 무서운 사자가 있긴 하지만 이곳이 마음에 들었어요. 그래서 여행을 멈추고 나라를 세우기로 했어요.

나라 이름을 무엇으로 지을까 생각하던 왕자는 마을에 처음 도착했을 때 본 사자가 떠올랐어요. 그래서 사자를 뜻하는 '싱가'와 마을을 뜻하는 '푸라'를 합쳐서 '싱가푸라'라고 지었어요. '사자의 마을'이라는 뜻이지요. 싱가푸라는 세월이 흘러 발음이 변하면서 오늘날 '싱가포르'로 불리게 되었어요.

그런데 사자의 마을로 통하는 싱가포르에는 정작 사자가 살았던 흔적이 없다고 해요. 왕자와 일행이 호랑이를 사자로 착각한 거였어요. 하지만 사자는 싱가포르의 상징이 되어 도시 곳곳에 사자 동상이 남아 있답니다.

싱가포르는 1965년에 독립 국가가 되기 전까지 포르투갈, 네덜란드, 일본, 영국 등 여러 나라의 지배를 받았어요. 그래서 싱가포르에는 중국, 인도, 유럽의 다양한 문화가 섞여 있어요.

마카오

아마 여신의 사원

○ 중국에 반환된 마카오

마카오는 포르투갈에 점령당하여 400년 동안이나 포르투갈의 식민지였어요. 그러다 1999년에 정식으로 중국에 반환되어 지금은 중국의 특별 행정 구역이랍니다.

중국 명나라 때 광둥성 해안 지방에는 해적이 자주 나타나 사람들을 괴롭혔어요.

"해적이 오늘도 우리가 잡은 물고기를 다 **빼앗았어요**."

"우리 집에는 해적이 쳐들어와 도자기와 비단을 **빼앗아** 갔어요."

주민들이 하소연을 늘어놓자, 지방 정부는 해적 소탕 작전을 펼치기로 했어요. 이때 광둥성 남쪽 바다를 지나가던 포르투갈 선박이 물에 젖은 화물을 말리고 가겠다며 이곳에 배를 세웠어요. 포르투갈 선원들은 주민들을 괴롭히는 해적을 없애는 데 도움을 주었어요. 그러자 중국 사람들은 고마워하며 이곳에서 포르투갈 사람들이 머무를 수 있게 해 주었답니다.

하루는 포르투갈 사람들이 섬을 구경하다가 아주 오래된 사원에 이르렀어요. 뱃사람들이 수호신으로 받드는 '아마'라는 여신의 사원이었지요. 포르투갈 사람들은 문득 자기들이 사는 이 섬의 이름이 궁금해져서 섬사람들에게 물었어요.

"여기가 어디예요?"

그런데 주민들은 이 지역 이름이 아니라 사원 이름을 묻는 것으로 착각했어요.

"여기, 아마가오."

여기서 '가오'는 사원이라는 뜻이에요. 즉 '아마 여신의 사원'이라고 말한 거지요. 그러나 포르투갈 사람들은 이 지역 이름이 '아마가오'라고 생각했어요. 아마가오라는 이 발음이 변해서 지금의 '마카오'라고 불리게 된 거랍니다.

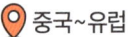 중국~유럽

실크로드

중국의 비단을 서역에 팔러 가던 길

- **실크로드의 종류**

  실크로드에는 초원을 거쳐 가는 길, 사막의 오아시스를 따라가는 길, 바다를 통해 가는 길 등 여러 갈래의 길이 있었어요.

중국의 한나라는 중국 천하를 통일한 뒤에 정치와 경제 모든 면에서 자리를 잡아 가고 있었어요. 그러나 초원에 사는 흉노족이 늘 한나라를 위협하여 큰 골칫거리였어요.

한나라의 무제는 서역(중국의 서쪽 지역으로 지금의 중앙아시아, 서아시아, 인도)과 힘을 모으면 흉노족을 막아 낼 수 있다고 생각했어요. 그렇지만 한 번도 가 본 적 없는 서역을 다녀오겠다고 선뜻 나서는 사람이 없었어요. 이때 장건이라는 사람이 나섰어요.

"황제 폐하, 제가 서역을 둘러보고 근처에 있는 나라들을 찾아가 힘을 모아 오겠습니다."

장건은 사절단 100여 명을 데리고 서역으로 출발했어요.

그런데 장건 일행은 중앙아시아 땅에 있던 월지로 가다 흉노족에게 잡히고 말았어요. 장건은 10여 년 동안 포로로 잡혀 있다가 가까스로 탈출해 월지에 도착했어요. 장건은 월지에서 여러 정보를 모으고, 동쪽 지역에 한나라가 있다는 것을 알렸어요. 서역 나라들은 장건 일행을 통해 한나라가 막강한 나라라는 사실을 알고 한나라와 교류하려 했어요.

이리하여 장건이 다녀온 길이 중국과 서역, 유럽의 교역로가 됐어요. 그 길을 통해 중국의 특산품 비단이 로마 제국으로 전해지고, 유럽에서 중국으로는 직물과 보석 같은 사치품이 전해졌어요.

중국의 비단이 이 길을 거쳐 로마 제국으로 전해졌다고 해서 붙은 이름이 바로 '실크로드(비단길)'예요. 이 실크로드를 통해 동양과 서양의 여러 물품과 문화가 오갔답니다.

지명에 담긴 땅의 모습

① 악(岳), 봉(峰), 산(山)

'산'이 들어간 곳은 우리가 주변에서 흔히 볼 수 있는 산의 모습을 하고 있어요. '악'은 암벽이 많고 오르기 힘든 산의 이름에 붙여요. '봉'은 일반적인 산에서 높이 솟아 있는 부분을 가리키지요.

- **북악** 서울특별시 종로구에 있는 산으로, 서울 북쪽에 있어서 북악이라고 해요. 북악처럼 이름에 '악'이 들어가면 높고 험한 산이라는 것을 알 수 있어요.
- **가리봉동** 서울특별시 구로구에 있는 마을이에요. 마을 주위에 작은 봉우리가 이어져 있어서 붙은 이름이에요.

② 골, 곡(曲)

'곡'은 산의 골짜기를 뜻하는 '골'의 한자음이에요. 한자어 지명에는 '곡', 우리말 지명에는 '골'을 붙여요.

- **붓골** 서울특별시 중구에 있는 마을이에요. 조선 시대에 남부 청사가 있던 자리를 남붓골이라고 했는데, 줄여서 붓골이 되었어요. 지금은 붓 필(筆) 자를 써서 필동이라고 해요.
- **내곡동** 서울특별시 서초구에 있는 마을이에요. 본마을의 안쪽에 있는 마을이라고 하여 안골 또는 안말이라고 불렸는데, 안 내(內) 자를 써서 내곡이라고 해요.

③ 바위, 암(岩)

지명에 '바위'나 '암'이 들어간 곳은 매우 큰 돌이 있던 지역이에요.

- **안암동** 서울특별시 성북구에 있는 마을이에요. 이곳에 사람 스무 명이 앉을 수 있을 만큼 큰 바위가 있었는데, 그 바위를 앉일바위라고 불렀다는 데서 유래했어요. 앉일바위를 한자로 바꾸어 안암이라고 해요.

- **갓바위 마을** 서울특별시 중랑구 망우동에 있던 마을이에요. 마을 뒤에 삿갓 모양의 바위가 있다고 해서 지어졌어요.

④ 대(臺)

'대'는 보통 큰 바위로 형성된 절벽이나 봉우리를 가리키는데, 특별히 경관이 좋은 곳에 붙이기도 해요.

- **부용대** 경상북도 안동시의 안동 하회 마을에 있는 절벽이에요. 부용은 연꽃을 가리키는데, 하회 마을의 모습이 마치 물에 떠 있는 연꽃 같다고 해서 그곳 절벽을 부용대라고 이름 지었어요.
- **태종대** 강원도 횡성군 강림면에 있는 절벽이에요. 조선 시대에 태종이 그 바위 위에서 스승님을 기다렸다고 해서 붙은 이름이에요.

⑤ 담(潭), 소(沼)

연못이나 저수지를 소재로 한 지명에 붙어요.

- **청담동** 서울특별시 강남구에 있는 마을이에요. 옛날 이 근처에 맑은 못이 있어서 청숫골이라고 했는데, 한자로 바뀌어 청담동이 됐어요.
- **쇠소깍** 제주도 서귀포시에 있는 웅덩이예요. '쇠소'는 소가 누워 있는 모습의 연못을, '깍'은 끝을 뜻해요. 지하 현무암 지대를 흐르는 물이 분출해서 바닷물을 만나 깊은 웅덩이가 형성된 곳이에요.

⑥ 탄(灘), 여울

하천이 흐르는 곳에 붙은 지명이에요.

- **투금탄** 서울특별시 강서구에 있는 강이에요. 우애가 두터웠던 이억년과 이조년 형제가 금 두 덩이를 강에 버렸다고 해서 붙은 이름이에요.
- **가래여울** 서울특별시 강동구에 있는 마을이에요. 강가에 가래나무가 많아 붙은 이름이에요.

⑦ 고개, 령(嶺), 현(峴), 치(峙)

'고개'는 산이나 언덕을 지나다닐 수 있게 길이 나 있는 곳을 말해요. '령'은 고개 중에서도 규모가 크고 지나다니는 사람이 많은 고개로, 산기슭에 발달했어요. '현'은 령보다는 규모가 작지만 사람이 많이 모이며, 이곳에 봉화를 설치하기도 했어요. '치'는 고개가 가파른 곳을 가리켜요.

- **까치 고개** 서울특별시 관악구에 있는 고개예요. 고개 주변에 까치가 많이 살았다고 해서 붙은 이름이에요.
- **대관령** 강원도 평창군 대관령면에 있는 고개로, 강원도의 영서 지방과 영동 지방을 이어 주는 길이에요. 예부터 고개가 하도 험하여 '대굴대굴 크게 구르는 고개'라는 뜻에서 대굴령이라고 했는데, 나중에 한자음을 빌려 대관령이 됐어요.
- **논현동** 서울특별시 강남구에 있는 마을이에요. 높은 고개를 중심으로 양쪽에 논이 넓게 펼쳐져서 이 고개를 논고개라고 불렀어요. 지금은 한자로 바꾸어 논현동이 됐어요.
- **대치동** 서울특별시 강남구에 있는 마을이에요. 큰 고개 밑에 있는 마을이라고 하여 한터, 한터말로 부르다가 한자로 바꾸어 지금은 대치동이 됐어요.

⑧ 곶(串), 만(灣)

바닷가를 소재로 한 지명이에요. 곶은 바다로 뻗어 나온 육지를 가리키고, 만은 바다가 육지 속으로 파고들어 온 곳을 가리켜요.

- **호미곶** 경상북도 포항시에 있는 마을이에요. 한반도를 호랑이에 비유할 때, 여기가 호랑이 꼬리에 해당한다고 하여 붙은 이름이에요.
- **경기만** 황해도 옹진반도와 충청남도 태안반도 사이에 반원 모양으로 이어진 바다예요.

참고 문헌
『서울지명사전』, 서울특별시시사편찬위원회, 2009년
『한국지명유래집』, 국토지리정보원, 진한엠앤비, 2015년

참고 자료
한국문화원연합회, 「지역N문화」
한국학중앙연구원, 「한국민족문화대백과사전」
한국학중앙연구원, 「한국향토문화전자대전」

읽다 보면 사회 상식이 저절로
그래서 이런 지명이 생겼대요

초판 1쇄 발행 2025년 9월 30일
초판 2쇄 발행 2025년 11월 7일

글쓴이 우리누리 | 그린이 이경석

발행인 이종원 | 발행처 ㈜길벗스쿨 | 출판사 등록일 2025년 5월 28일
주소 서울시 마포구 월드컵로 10길 56(서교동) | 대표전화 02)332-0931 | 팩스 02)322-3895
홈페이지 school.gilbut.co.kr | 이메일 gilbut@gilbut.co.kr
기획 및 책임편집 김언수, 배지하 | 제작 이준호, 손일순, 이진혁
마케팅 양정길, 지하영, 김령희 | 영업유통 진창섭 | 영업관리 김명자, 정경화 | 독자지원 윤정아
CTP출력 및 인쇄 교보피앤비 | 제본 경문제책사
디자인 양×호랭 DESIGN | 교정교열 김미경

잘못 만든 책은 구입한 서점에서 바꿔 드립니다.
이 책은 저작권법에 따라 보호받는 저작물이므로 무단전재와 무단복제를 금합니다.
이 책의 전부 또는 일부를 이용하려면 반드시 사전에 저작권자와 길벗스쿨의 서면 동의를 받아야 합니다.
인공 지능(AI) 기술 또는 시스템을 훈련하기 위해 이 책의 전체 내용은 물론 일부 문장도 사용하는 것을 금합니다.

ⓒ 우리누리, 이경석

ISBN 979-11-7467-040-3 (길벗스쿨 도서번호 200439)

제품명 : 그래서 이런 지명이 생겼대요	주소 : 서울시 마포구 월드컵로 10길 56(서교동)
제조사명 : 길벗스쿨	전화번호 : 02-332-0931
제조국명 : 대한민국	제조년월 : 판권에 별도 표기
사용연령 : 8세 이상	KC마크는 이 제품이 공통안전기준에 적합하였음을 의미합니다.